"十四五"职业教育国家规划教材

电子商务类专业创新型人才培养系列教材

移动商务文案写作

第2版

陈庆　黄黎　徐艺芳　毛德成/主　编

魏丛　曹云清/副主编

胡颖森/主　审

ELECTRONIC

COMMERCE

人民邮电出版社

北　京

图书在版编目（CIP）数据

移动商务文案写作 / 陈庆等主编. -- 2版. -- 北京：
人民邮电出版社，2023.4（2024.6重印）
电子商务类专业创新型人才培养系列教材
ISBN 978-7-115-61251-9

Ⅰ. ①移… Ⅱ. ①陈… Ⅲ. ①移动电子商务－应用文
－写作－教材 Ⅳ. ①H152.3

中国国家版本馆CIP数据核字(2023)第034966号

内 容 提 要

本书立足于当前主流的移动电子商务，循序渐进地讲述了各类移动商务文案的写作方法。本书共8章，从初识移动商务文案、构思移动商务文案的创意、移动商务文案的写作方法入手，依次讲解了产品文案、品牌文案、微信文案、短视频与直播文案、海报文案、活动文案、软文、社群营销文案、今日头条文案、知乎文案等各类热门移动商务文案的写作方法，让文案人员能够紧跟时代步伐，写出精彩的移动商务文案。

本书针对性强、理论知识充足、案例丰富，设计了"同步实训"和"思考与提高"内容，既可避免理论学习的枯燥，又可使读者对学习内容进行巩固。

本书既可以作为高等院校电商相关专业课程的教材，也可以作为有志或正在从事电子商务文案、移动电子商务文案相关岗位人员的参考资料。

特 别 说 明

本书的所有案例仅用于商务文案、移动商务文案相关课程的教学，编者并非要为涉及的企业品牌做宣传、推广，也不对企业所宣称的产品功效的真实性和安全性负责。本书援引的图片来源于淘宝网、数英网、新浪微博、微信等网站和网络平台，图片版权归属于相关企业或设计者等。

◆ 主　　编　陈　庆　黄　黎　徐艺芳　毛德成
　　副 主 编　魏　丛　曹云清
　　主　　审　胡颖森
　　责任编辑　连震月
　　责任印制　王　郁　彭志环
◆ 人民邮电出版社出版发行　　北京市丰台区成寿寺路 11 号
　　邮编　100164　电子邮件　315@ptpress.com.cn
　　网址　https://www.ptpress.com.cn
　　天津千鹤文化传播有限公司印刷
◆ 开本：787×1092　1/16
　　印张：12.5　　　　　　　　2023 年 4 月第 2 版
　　字数：256 千字　　　　　　2024 年 6 月天津第 5 次印刷

定价：49.80 元

读者服务热线：(010)81055256　印装质量热线：(010)81055316
反盗版热线：(010)81055315
广告经营许可证：京东市监广登字 20170147 号

前言
FOREWORD

随着移动端商务贸易的进一步发展，移动商务文案的写作方法、类型也在不断发生变化。为了让广大读者了解当前的移动商务文案市场，更好地适应当前的文案岗位要求，我们对《移动商务文案写作》进行修订，推出本书。

修订策略

本书在第1版的基础上，补充了一些新知识，如微信视频号文案、短视频文案、直播文案、今日头条文案和知乎文案的写作，同时，对原来的知识结构做了调整和优化，使本书更适合当前的用书要求。

此外，为适应新时代高等教育领域改革的需要，结合二十大报告精神，我们在文中增加了与素养相关的内容，旨在努力提升读者的思想素养，培养德才兼备、全面发展的高素质人才。

本书的内容

本书共8章，各章大致内容如下。

第1章　主要介绍了移动商务文案的基础知识，包括移动商务文案的产生、作用、分类、载体，移动商务文案的岗位要求，移动商务文案的写作流程等内容。

第2章　主要介绍了移动商务文案的创意构思，包括移动商务文案的创意策略和如何优化移动商务文案的创意设计等内容。

第3章　主要介绍了移动商务文案的写作方法，包括移动商务文案标题的写作方法、移动商务文案的正文结构、移动商务文案开头与结尾的写作方法等内容。

第4章　主要介绍了产品文案的写作方法，包括提炼产品卖点的方法，产品标题文案、产品主图文案和产品详情页文案写作等内容。

第5章　主要介绍了品牌文案的写作方法，包括品牌名称与口号写作，品牌故事写作，品牌产品上新文案、品牌热点营销文案、品牌节假日营销文案和品牌公关文案写作等内容。

第6章　主要介绍了微信文案的写作方法，包括微信朋友圈文案、微信公众号文案、微信视频号文案写作等内容。

第7章　主要介绍了短视频与直播文案的写作方法，包括常见的短视频平台、短视频脚本写作、直播话术设计、直播脚本写作和直播预告文案写作等内容。

第8章　主要介绍了其他移动商务文案的写作方法，包括海报文案、活动文案、软文、社群营销文案、今日头条文案和知乎文案写作等内容。

本书的特点

本书主要有以下特点。

- **结构清晰，内容全面**。本书每章按照"学习目标+素养目标+案例导入 + 知识讲解 + 同步实训+思考与提高"的结构安排内容，层层深入，内容详尽，有利于读者建立对移动商务文案的全面了解。
- **可读性、实战性强**。本书通过每章学习目标的设计，让读者带着目标去学习。同时，本书将各类移动商务文案的写作理论与经典案例相结合，并提供实训，便于读者更加轻松、直观和深刻地掌握相关知识，提升实战能力。
- **教学资源丰富**。本书中的"高手有话"栏目总结了相关的经验、技巧，能帮助读者更好地梳理知识。此外，本书还以二维码的形式提供了一些补充知识、经典案例等内容，读者扫码即可阅读，有利于增进读者对相关知识的学习与理解，帮助读者更好地理解知识、开阔眼界。

本书由陈庆、黄黎、徐艺芳、毛德成担任主编，由魏丛、曹云清担任副主编，由胡颖森主审，由于编者水平有限，书中难免存在不足之处，欢迎广大读者、专家批评指正。

编者
2023年4月

目录

CONTENTS

第1章

初识移动商务文案

学习目标

- 了解移动商务文案的产生和作用。
- 熟悉移动商务文案的分类和载体。
- 认识移动商务文案的岗位要求。
- 能够根据移动商务文案的写作流程完成文案。

素养目标

- 培养文字表达能力和热点跟进能力，以提升文案的营销和推广效果。
- 培养敏锐的市场观察能力，建立对产品、行业的全面了解。

案例导入

2020年，我国已达到全面小康，下一阶段的目标就是实现共同富裕。《中华人民共和国国民经济和社会发展第十四个五年规划和二〇三五年远景目标纲要》（简称"十四五"规划）明确提出到2035年"全体人民共同富裕取得更为明显的实质性进展"的目标，由此可见，共同富裕已成为我国实现高质量发展的必然选择，是人民群众的共同期盼。

什么是富？每个人心中都有自己的答案。在2022年春节期间，中国银联收集了66个关于富的故事，在微博发布了66张"奔富图"，并在其微信视频号发布了"关于富的小小心愿"视频短片，向受众讲述那些平凡而又足够珍贵的关于富的小小心愿，希望与广大受众在"奔富"路上共同奋斗，开启更好的2022年。图1-1所示为部分"奔富图"示例。图1-2所示为"关于富的小小心愿"视频截图。

图1-1　部分"奔富图"示例

图1-2　"关于富的小小心愿"视频截图

"关于富的小小心愿"的视频文案内容如下。

> 我想讲给你一些小小的心愿
>
> 那些平凡却又足够珍贵的
>
> 关于「富」的小小心愿
>
> 流过很多汗的人，就想有个好收成
>
> …………
>
> 中国银联在2022农历年来临之际
>
> 祝每一个努力付出的你，年年有富余
>
> 付出必有回报，中国银联

该文案立足于对人的洞察，讲述了不同人心中的"富"，并以"富"进行创意的搭建，结合山川河流、城市原野等多个普通的场景，巧妙构思出一个又一个的"富"字形态。其创意紧扣"付出必有回报"的价值观，表现出一种朴素生活观，将对富足的向往融于日常生活，搭建了与品牌的密切关联。

文案通篇不讲"共同富裕"这4个字，但字字都是奔"富"之言，是对我国全面建成小康社会、正在走向共同富裕的最佳表达；同时表达了对人民收获美好生活的深切祝愿，颇具人文精神。最终文案在微博、微信等移动平台获得了广泛传播，深化了品牌价值与品牌影响力。

在电子商务快速发展的今天，微博、微信等平台发布的文案在树立企业与品牌形象、传递理念等方面发挥着越来越大的作用。另外，随着移动商务成为电子商务模式下的主流发展模式，移动商务文案岗位的需求在文案行业岗位中的比重逐渐增大，熟练掌握移动商务文案写作已成为有志于从事文案工作的人员所必备的技能。

1.1　认识移动商务文案

移动网络的发展和人们消费方式的变化，带动移动商务市场蓬勃发展。文案作为移动商务贸易中不可缺少的一部分，成了商家宣传品牌和推广产品的一种重要方式，并逐渐形成了独具特色的移动商务文案。

1.1.1　移动商务文案的产生

随着互联网产业的迅速发展，电子商务在人们日常生活中占据的比例越来越大，已成为现代服务业中的重点产业。而手机、平板电脑（Portable Android Device，PAD）等无线终端设备能够不受个人计算机（Personal Computer，PC）或连接线的限制将用户和商家紧密联系起来，使移动端交易越来越普遍。移动商务成了电子商务的一种新模式，移动端交易量已超越PC端，移动商务文案就在移动商务快速发展的基础上应运而生。

1. 移动商务的崛起

移动商务文案的产生，归根结底在于移动商务行业的崛起。移动商务自产生以来，其交易额与交易量呈快速增长的趋势，势头非常强劲。一方面，手机网民规模的扩大为移动商务提供了充足的用户市场；另一方面，移动商务文案带给用户的详细的信息为交易的成功奠定了基础。

中国互联网络信息中心（CNNIC）发布的第49次《中国互联网络发展状况统计报告》显示，截至2021年12月，我国网民规模达10.32亿人次，较2020年12月增长4296万人次，互联网普及率达73.0%。根据不同设备接入互联网的情况发现，我国网民使用手机上网的比例达99.7%，手机是上网的主要设备，图1-3所示为2020—2021年我国不同设备接入互联网的情况。另外，网民人均每周上网时长达到28.5个小时，可以看出移动互联网已经深度融入人民日常生活，这对移动商务行业的发展以及移动商务文案的出现提供了前提条件。

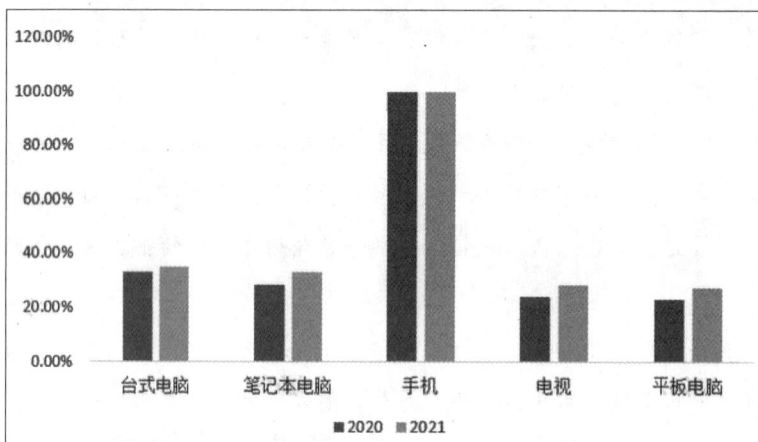

图1-3　2020—2021年我国不同设备接入互联网的情况

移动端用户数量的增多促使移动端购物规模持续扩大。天猫数据显示，早在2017年11月11日上午9点00分04秒，天猫"双十一"成交额就超1000亿元，其中移动端交易额占比达91%。移动端交易额的占比以一种强大的姿态表明移动端已超过PC端，成了电商市场主要的消费渠道，人们通过手机等移动设备进行购物已成为现今网购的主要方式。此外，作为国内移动互联网的主流电商应用平台，拼多多在2015年上线，短短3年就成功上市，并在2020年年底，年活跃买家数达7.88亿家，成为当时国内用户规模最大的电商平台，可见移动商务市场的用户规模之大和市场发展潜力之强。

在影响移动商务市场的因素中，除移动互联网的发展、移动电子设备的普及外，移动商务文案作为移动商务交易中的重要组成部分，对移动电商的发展功不可没。移动商务文案丰富的内容、多样的形式，让受众既能全面查看产品信息，又能得到实时更新的信息，还能建立受众与品牌、商家之间的情感连接，为受众的每一次成功消费埋下伏笔，提高移动商务的交易成功率。同时，也有许多移动商务应用和移动商务模式不断产生，如拼多多App、叮咚买菜App（生鲜即时配送）、盒马App（新零售线上商超）、社区团购模式等。目前，移动商务交易已成为人们消费的主流趋势，所以，在移动商务交易中不要忽视文案的作用。

2. 什么是移动商务文案

了解移动商务文案，就需要了解移动商务与文案的概念。通俗地讲，移动商务指可以通过手机等移动端完成的商业贸易。文案旧时指掌管档案、负责起草文书的幕友，亦指官署中的公文、书信等。在现代，"文案"则被赋予了新的意义，是"广告文案"的简称，指在媒体渠道中用以吸引受众的一种广告表现形式。作为目前主流的宣传手段之一，文案被广泛应用于公司广告、企业宣传、新闻策划等多个领域。

在移动商务交易的过程中，受众并不能触摸到实物产品，只能通过商家、企业等提供的图片或文字描述来了解产品，所以文案就成了受众了解产品的一个渠道，承担传递信息、达成交易的责任。

综上所述，移动商务文案可以看作是有助于促成移动端商业贸易的广告创意形式。在移动设备普及率高、移动互联网发达及电子商务发展迅速的今天，许多商业贸易都可以通过移动端展开，因此，移动商务文案的范围涉及广泛。受众可以在移动端查看的社群营销消息、短视频、微信公众号推送文章、直播内容等都属于移动商务文案的范畴。图1-4所示为盒马App首页的海报，其就属于移动商务文案。

图1-4 盒马App首页的海报

1.1.2 移动商务文案的作用

在现今新消费时代的背景下，人们对产品的需求越发多元化，很多时候商家在满足受众的实际需求时，还要满足其潜在的心理需求。如何巧妙地抓住受众的购买心理，用较低的成本引发受众的共鸣，挖掘并满足他们的消费需求，成为商家销售过程中的一道难题。而移动商务文案不仅可以展现商家的产品和品牌文化，起到宣传和营销的作用，还能更好地满足受众需求，吸引受众购买。

1. 促进品牌资产的积累

产品市场竞争激烈，企业之间的品牌竞争也不断加剧，品牌文化也越来越受到企业的重视。在购物过程中，受众很容易受到品牌的影响。而在文案中加强对品牌文化的塑造更容易获得受众的好感与信赖，促进品牌资产的积累，增强受众对产品的信心。

移动商务文案可以将品牌文化以形象生动的文字表达出来，让受众充分了解品牌文化，使品牌在受众心中留下深刻印象，让受众对该品牌的品质可信度、社会公信力、市场竞争力、服务诚意等方面有良好的印象。长此以往，能促进品牌资产的积累、品牌形象的提升，增强受众对品牌的好感和信任度，从而提升品牌溢价能力，使品牌在市场竞争中占据有利地位。

高手有话

品牌溢价即品牌的附加值。对于相同的产品，一个品牌能比竞争品牌卖出更高价格的能力则称为品牌溢价能力。品牌溢价能力是企业获得更高售价、更多利润的有力武器，企业通过提升受众的品牌忠诚度与自身的品牌溢价能力能使企业更好地实现盈利。

2. 增强受众的信任感

移动商务文案是一种带有销售性质的文案，它的主要目的是让受众信任文案中所描述的产品并产生购买的欲望。因此，移动商务文案也可以看作是一种促进销售的手段。销售基于信任，而移动商务文案恰恰能够建立起受众对商家的信任，如详细的产品信息展示、第三方评价、权威机构认证等都是很好的途径。

3. 互动营销

移动商务文案基于网络平台，无处不在，受众通过移动端上网就能看到。商家可以在各种平台进行文案的推广与宣传，以扩大文案的作用范围。微信、微博、QQ、论坛，以及其他电商企业的App，如淘宝、京东、抖音等都可以进行文案的推广与整合营销，能及时获得受众的意见并给予回复。文案人员可以增加文案的互动性，形成话题与讨论，如果互动的范围和讨论的话题中含有热点信息，还能更好地进行宣传与营销，起到事半功倍的效果。

高手有话

在文案写作中，表达能力非常重要。若是文案人员具有较强的文字表达能力和热点跟进能力，就可以吸引用户进行互动讨论，达到良好的互动营销效果。

1.1.3 移动商务文案的分类

移动商务文案的种类繁多，依据不同的划分标准，可以划分为多种不同的类型。文案人员若想更好地认识移动商务文案，并能根据不同的需要写出符合受众要求的文案作品，就需要了解移动商务文案的类型。

1. 按表现形式分类

移动商务文案根据表现形式的不同，可以分为文字式文案、图片式文案和视频式文案3类。

- **文字式文案**。文字式文案主要指以大段的文字输出为主的文案，包括微信公众号推送文章、微博文案、今日头条文案、社群文案、知乎文案等。这类文案文字内容占比大，部分文字式文案会穿插图片、小程序、链接等，是当前主流的文案表现形式之一。图1-5所示为某社群中发布的产品推广文案，其就是以文字为主的。

图1-5　某社群中发布的产品推广文案

- **图片式文案**。图片式文案主要指以图片为承载形式的文案，包括海报文案、H5（HTML5，超文本标记语言）文案和条漫类文案等。该类文案对图片创意与信息选择要求较高，一般要求文案人员利用有限的文字传达主题思想和重要信息。图1-6所示的文案就是图片式文案，其以漫画图片的形式来推广某品牌的玉米。

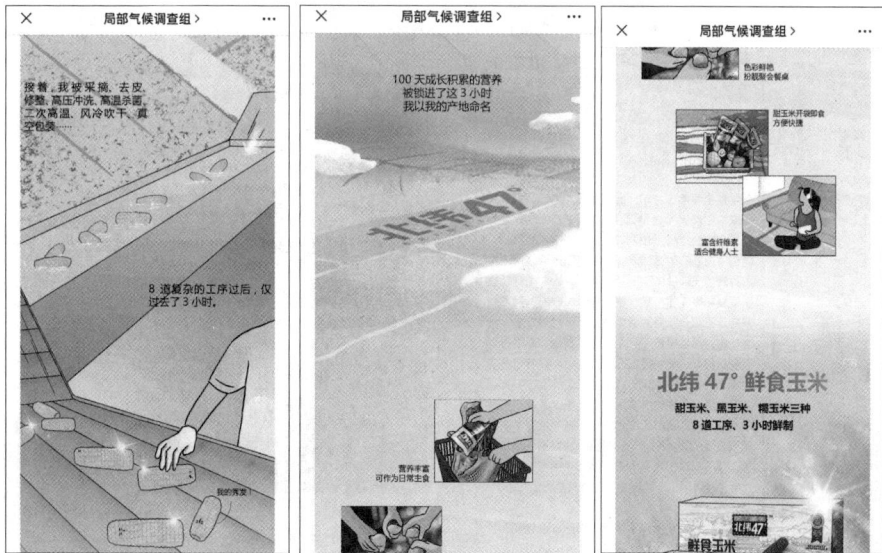

图1-6　图片式文案

- **视频式文案**。视频式文案指以视频为主要承载形式的文案，包括短视频和直播文案，如抖音、快手、小红书、bilibili等平台就常见视频式文案。一般来说，视频式文案内容丰富，包括新品推广、品牌宣传、产品测评、好物分享、知识科普、教学课程、作品分享等。图1-7所示为抖音、bilibili中的视频式文案。

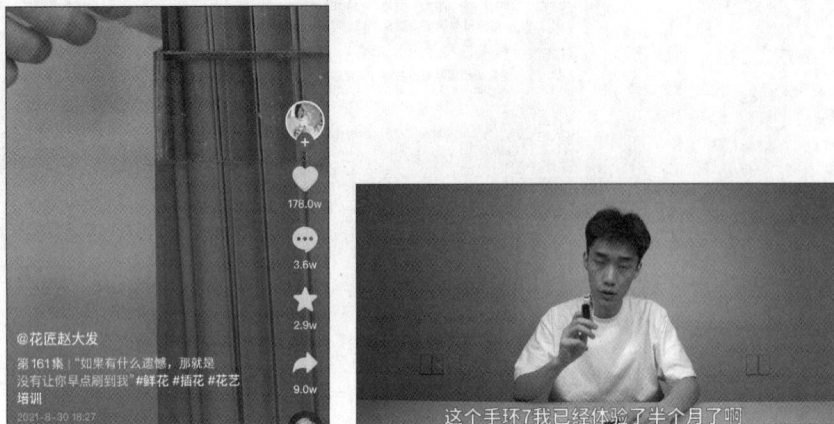

图1-7　视频式文案

通常，以上3类文案并不总是单独出现的，综合出现的情况较多。例如，小红书平台中的文案有许多视频式文案，并且这些视频还经常附带大段文字简介，以搭配视频进行介绍和说明。此外，还有图文形式的文案等，表现形式多样。

2. 按文案篇幅分类

文案根据篇幅的长短，可分为1000字以上的长文案和1000字以内的短文案。长文案要么用于进行信息的铺叙分析，要么用于展开大的故事场景；短文案侧重快速触动，重点在于表现核心信息。图1-8所示分别为微博中长、短文案的示例。

图1-8　微博中的长文案与短文案

3. 按广告的植入方式分类

移动商务文案根据广告植入方式的不同，可分为硬广和软文。

- **硬广**。硬广是指通过媒体渠道进行直接的文案展示，清楚直白、开门见山。图1-9所示的广告海报文案为典型的硬广。

- **软文**。软文是指不直接介绍产品、服务或品牌，而是将想要宣传推广的对象巧妙植入文章报道、情感故事或干货分享中，以达到"润物细无声"的营销效果的文案。图1-10所示的软文就是将产品融入日常生活分享中。

图1-9　硬广　　　　　　　　　　图1-10　软文

4. 按文案写作目的分类

移动商务文案根据写作目的不同，可大致分为品牌文案和销售文案。

- **品牌文案**。品牌文案指能展现品牌形象、精神和特点，有助于提升品牌知名度和影响力的文案。这类文案旨在使受众对品牌产生正向态度，写作核心是使受众信任品牌。图1-11所示为小米在中秋节发布的"大山里的童画"短视频文案，视频讲述了小米向云南地区的小学捐献小米平板5一事，表现了小米关注我国儿童教育事业的态度，进一步塑造了小米作为一家有温度的互联网公司的品牌形象，提升了其品牌影响力。

图1-11　"大山里的童画"短视频文案

- **销售文案**。销售文案是指能够促进产品销售的文案，如电商产品详情页文案、促销海报等。销售文案的写作核心是激发受众的购买欲，引导其产生购买行为。图1-12所示为促进销售的产品详情页文案。

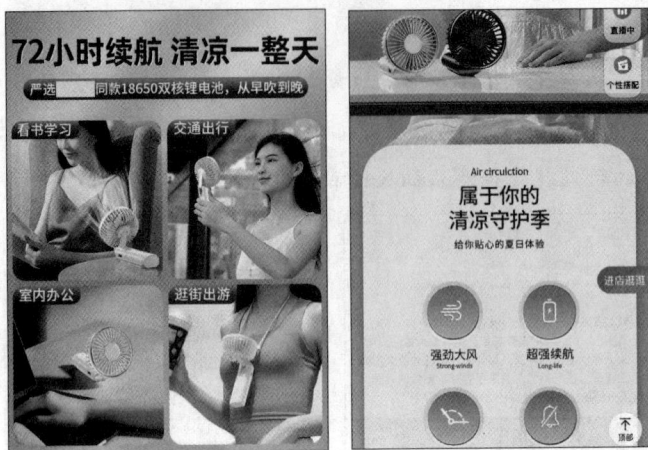

图1-12　促进销售的产品详情页文案

1.1.4　移动商务文案的载体

移动商务文案有很多载体，如淘宝、微博、微信、抖音、社群、今日头条、知乎等。无论发表在哪一个载体上，只要能够引起受众的兴趣，引发受众的大量点击、转发和评论，都可称作是一篇具有传播力的文案。

1. 淘宝

淘宝是阿里巴巴旗下的网上交易平台，也是深受广大受众欢迎的电商购物平台。与淘宝相似的平台还有京东、天猫、唯品会等。淘宝中的文案是平台内的网店为推广产品所写的，主要以产品介绍为主，包括主图文案、海报文案和详情页文案等。图1-13所示为淘宝平台中的海报文案。

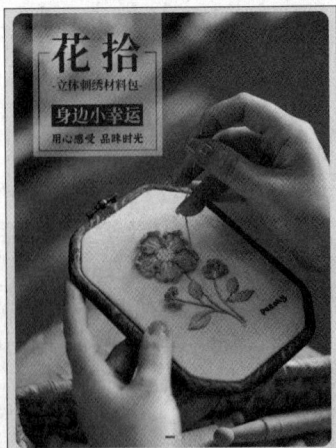

图1-13　淘宝平台中的海报文案

2. 微博

微博是目前非常热门的信息分享与交流平台，使用人数众多，并且很注重信息的时效性和随意性，受众能够在任何时间发表所见、所感、所闻和所想。对于商家来说，微博发布推广信息方便，受众触达率高。

在微博中，商家能够以文字、图片、话题、视频等多媒体形式发布文案，实现与受众的即时分享和传播互动。图1-14所示为某艺术衍生品品牌发布的微博文案，其利用抽奖活动吸引受众转发，以促进文案的广泛传播，从而推广产品。

3. 微信

微信的快速发展使其成为热门的营销和推广平台之一。微信中常见的移动商务文案包括微信朋友圈文案、微信公众号文案和微信视频号文案等。

- **微信朋友圈文案**。微信朋友圈文案是发布于微信朋友圈中的营销文案，许多商家会建立企业微信，吸引受众添加好友后，定期在朋友圈中发布广告信息，用于营销推广。图1-15所示为微信朋友圈文案示例。

图1-14 微博文案

图1-15 微信朋友圈文案

- **微信公众号文案**。微信公众号文案是指商家通过微信公众平台发布的文案，微信公众号文案以内容输出为主，通常篇幅较长。在受众已经形成碎片化阅读习惯的今天，许多受众都有在休闲时间查看微信公众号文案的习惯。图1-16所示为微信公众号文案示例。

- **微信视频号文案**。视频号是微信2020年上新的产品，主要供微信用户发布视频和发起直播。视频号的建立依托于微信，因此其拥有庞大的流量基础。同时，微信用户可以在微信生态内的不同场景下触达视频号内容，如会话聊天框、朋友圈、公众号、搜一搜等，且视频号中内容非常丰富，涉及媒体、音乐、泛知识、体育、才艺、剧情、非物质文化遗产、三农（农业、农村和农民）等，并有大量新闻媒体入驻视频号。微信视频号是短视频和直播文案的重要载体。图1-17所示为微信视频号文案示例。

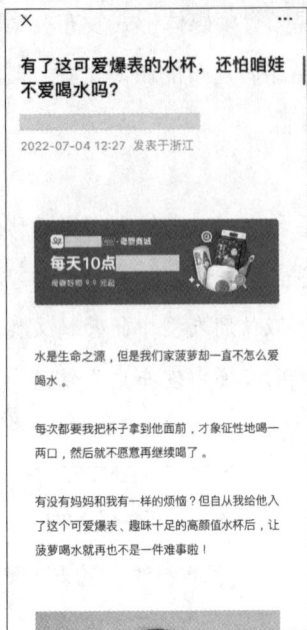

图1-16　微信公众号文案　　　　　图1-17　微信视频号文案

4. 抖音

抖音是当前热门的短视频和直播平台，许多品牌纷纷入驻抖音开展品牌和产品的营销宣传工作，并通过直播等售卖产品。此外，也有许多个人用户在抖音发布自己感兴趣的内容，如教程、搞笑类视频等，由此促进了许多软文的产生。另外，在抖音中制作短视频非常方便，受众可以通过抖音实时拍摄、剪辑视频并发布。除此之外，与抖音相似的平台还包括快手、小红书等。图1-18所示为抖音中的短视频文案。

5. 社群

社群是基于一个点、一种需求和爱好把志同道合的人聚集在一起，形成的关系圈子。社群中的成员以内容为核心，有相同的价值观或爱好，并能从共享中获利。社群中的每一个成员都是内容的贡献者，也是内容的获得者。

在移动互联网快速发展之后，各大社群开始涉及移动阅读App、电商、社交等不同的领域，移动社群开始兴起。常见的移动社群有QQ群、微信群、电商平台的店铺群、微博兴趣群等。群主或群管理员会在其中发布社群文案，通过优质的内容或话题来吸引群成员，维系与群成员之间的感情，或以优惠活动及其他方式进行产品或品牌的宣传。图1-19所示为QQ群中发布的文案。

图1-18　抖音中的短视频文案　　图1-19　QQ群中发布的文案

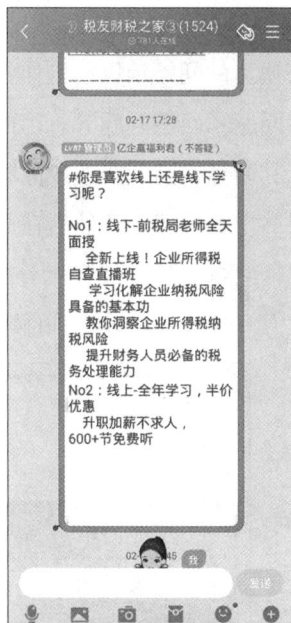

6. 今日头条

今日头条是北京字节跳动科技有限公司开发的通用信息平台，可以通过个性化推荐引擎技术，根据受众的兴趣、位置等多个维度向其推荐热榜、视频、问答、财经、科技等方面的内容。

该平台拥有非常庞大的受众和海量流量，并能为受众进行个性化推荐，因此今日头条中的文案应当具备较强的吸引力，否则即便文案触达目标受众，也很容易使受众流失。今日头条中包含众多频道，因此可以写作的文案类型非常广泛。通常，企业或品牌可以通过今日头条分享观点、输出价值来进行营销。图1-20所示分别为今日头条"眼界"频道的内容和有关穿搭的文案示例。

图1-20　今日头条"眼界"频道的内容和有关穿搭的文案示例

7. 知乎

知乎是一个高质量的问答社区和创作者聚集的原创内容平台，创作者可以通过知乎发布视频、文章，提出问题和回答问题等。因此，知乎对企业或品牌来说是非常好的营销渠道。知乎的问答特性尤其明显，因此企业或品牌可以借助回答来写作移动商务文案，完成营销。例如，先找到一个高质量的问题，然后在此问题下发布高质量的答案。为增强说服力，答案应理性、科学、逻辑性强。图1-21所示分别为海尔在知乎中发布的文章和问答，这有助于提升海尔的品牌影响力，增强受众对品牌的好感。

图1-21　海尔在知乎中发布的文章和问答

1.2 了解移动商务文案的岗位要求

一篇优秀的文案是文案人员精心创作出来的。而一个优秀的文案人员不仅要写出成功的文案，引起受众的共鸣，还要配合企业其他部门的人员进行产品或服务的宣传与营销。因此，如果想成为一名文案人员，一定要明确工作范围，达到岗位要求。

1.2.1　移动商务文案岗位的工作范围

虽然现在移动商务文案岗位还没有一个确切的划分与定性，但由于所有针对电子商务类的文案都更多地往移动商务方向发展，因此移动商务文案岗位也隐藏在现在大多数涉及电子商务文案的岗位中，如互联网产品/运营管理类岗位、内容运营类岗位、新媒体类岗位和电子商务类岗位等。

通过对这些岗位的分析，我们可以发现文案人员的工作范围不仅是文案的写作与投递、内容的策划与编辑，还包括渠道的运营与推广等。从事移动商务文案工作，一定要了解移动商务文案岗位的工作职责与要求，以帮助自己成为一名优秀的移动商务文案人员。

1. 移动商务文案岗位的工作职责

移动商务文案岗位是指针对移动端的用户，为企业进行产品设计、文案撰写的工作岗位，其更广泛的工作内容还包括品牌推广、活动策划、平面设计、新媒体运营、美工设计和美术指导等与宣传、推广、营销相关的工作。总的来说，移动商务文案岗位的工作职责包括以下几项。

- 根据企业、品牌定位及产品风格，对产品进行创意思考及文案策划。
- 分析市场上的同类竞争品牌和受众心理，撰写品牌文案，提升品牌形象。
- 抓住卖点，跟进热点，编写能突出产品特点、展现产品价值、使受众产生强烈购买欲望的产品描述。
- 熟练掌握和运用软文营销等推广方式和手机App等推广渠道。
- 负责新媒体各渠道文字内容的撰写，如产品文案、海报文案、品牌宣传文案、活动文案等，以发布于各渠道（如微信、微博、抖音、快手、知乎、今日头条等）移动端中。
- 能够根据品牌定位或推广对象创作短视频脚本。
- 能够配合其他工作人员完成短视频和直播账号的运营，配合直播工作，根据运营需求，撰写、整理直播脚本。

高手有话

> 很多时候，移动商务文案岗位所承担的工作内容不仅在于文案的撰写，更多的是策划、编辑、推广等工作内容的整合。

2. 移动商务文案岗位的工作要求

鉴于移动商务文案岗位的复杂性、多样性，要想成为一名合格的移动商务文案人员，还要拥有能够胜任该岗位的能力。

- **协调合作能力**。文案写作涉及范围较广，文案人员需要与各部门的工作人员协调与沟通，因而要具备良好的协调合作能力。
- **敏锐的市场洞察力**。文案人员要具备能够快速并准确捕捉产品亮点、对受众进行深入分析的能力。
- **扎实的文字功底**。文案人员要具备优秀的文案资料搜集、整理组织的能力，写作语言要流畅、有技巧，能打动目标受众。
- **思维活跃、有创意**。文案人员要能从多样化的角度看待事物，找到事物不同的切入点。
- 文案人员要有高度的责任感，以及爱岗敬业、诚实守信的工作作风和严谨踏实的工作态度。

高手有话

爱岗敬业、诚实守信都属于社会主义核心价值观的范畴。社会主义核心价值观从国家、社会和公民3个层面阐述了价值目标、取向和准则，包括富强、民主、文明、和谐、自由、平等、公正、法治、爱国、敬业、诚信、友善，文案人员应将此作为自己的行动指南和精神引领。

除此之外，移动商务文案岗位有时还有专业要求，一般企业倾向于选择广告、新闻、中文、市场营销等专业的人员。但是，移动商务文案岗位的灵活性很大，若是就业者拥有深厚的文案功底或对这个行业有独到见解，具有创新精神、创新意识、创意能力，部分企业也会放宽专业择取条件。

1.2.2 移动商务文案写作应达到的职业目标

职业目标的达到重点在于职业能力素养的培养，移动商务文案人员的工作能力与职业素养对文案的质量起着决定性作用。只有具备文案创作的相关知识储备与能力储备，才能更好地应对文案工作中的各种问题。只有不断地学习与进步，才能写出优秀、顺应时代浪潮的文案作品。

1. 知识目标

移动商务文案人员需要有大量的知识储备，包括宽泛的知识面和其他专业知识，具体要求如下。

- 注重积累，博览群书，学习别人的文案、创意，积累写作经验。
- 了解行业知识及具体的产品特性、功能等，使文案更具针对性。
- 了解受众的消费心理与行为，让文案更具吸引力。
- 学习传播学知识，让文案更具传播性。
- 了解电子商务文案写作的基本要求。
- 掌握移动商务文案的含义、特点。
- 了解时兴的短视频、直播平台及相关文案内容的发展情况。
- 掌握各类型移动商务文案的写作技巧。
- 学会不同的文案切入技巧。
- 明确文案写作禁忌与误区。

2. 能力目标

要从事移动商务文案岗位，至少应具备以下几种能力。

- **创意能力**。一方面，现在短视频文案非常流行，这类文案非常考验创意和剧情编撰能力，需要立马吸引受众，使其耐心看完短视频；另一方面，其他各类移动商务文案的写作也讲究构思的新颖性和创意性，因此文案人员需要具有创意能力，能多角度看待问题，找到不同的切入点。

高手有话

> 在文案写作中，创新、创意非常重要，充满新意的想法能使文案不落俗套，引起受众的注意与共鸣。

- **写作能力**。写作能力具体包括对语法、逻辑等基本技能的掌握；对文案语言风格的把控；在写作具体内容时能灵活地根据不同文案类型进行不同的描述；善用文案写作技巧，如加入图片、音乐、视频、超链接等元素。
- **审美能力**。只有移动商务文案人员本身具备欣赏美的能力，才能写出让受众觉得美的文案。对美的把握可从这些方面入手：文字排版，包括版式的整体风格、字体大小、字体颜色、字间距、行间距等；图文的搭配是否协调；版面是否整洁、优美；文案是否让人觉得精练而有重点等。

高手有话

> 审美能力可通过学习优秀文案来进行提升，在学习优秀文案时，可以分析它的排版是否美观，包括每段、每行、每句，甚至标点符号等细节的设计。切记文案的板块不要太多，颜色不可太杂，要保证整体的简洁、舒服。

- **软件操作能力**。移动商务文案人员除了应具有写作能力外，还需具备基本的软件操作能力。有些企业是让文案人员一力承担文案的写作与排版设计的，所以文案人员还需掌握美图秀秀、爱剪辑、WPS Office等软件的基本操作。
- **分析能力**。分析包括对品牌定位和风格的分析，对产品投放市场的分析，对目标人群及其需求和消费心理的分析，对投放渠道及用户反馈的分析。通过分析，文案人员能快速输出一个比较有条理的文案结构，使文案层次清晰、有理有据，具有针对性。杰出的分析能力更能帮助文案人员抓住产品的核心卖点，写出直击受众痛点、转化率高的文案。
- **学习能力**。文案的写作是个不断学习与积累的过程，学习能力强的人能在面对新事物时，取其精华，去其糟粕，更快吸收新知识，对新知识融会贯通，将学到的知识转化为自己所需要的能力，并在此基础上推陈出新，创造出优秀的作品。

3. 理念目标

写作时应持有理念目标，这样才能为文案的写作树立一个整体的大局观，具体要求如下。

- 树立积极正面的营销意识和行业竞争观，为文案写作提供方向与动力。
- 培养创新思维、创新意识和创新能力，形成以创新为立足点的视频编撰思维和文案策划与写作观。
- 形成系统、完整的产品推广理念。

（1.3） 熟悉移动商务文案的写作流程

有很多文案写作新人在接到写作任务时多多少少会有点无所适从，一般情况下会根据所有材料直接下笔，或者自己随机或漫无目的地搜集资料，这样的写作效果总是事倍功半，也很难打动受众。移动商务文案的写作并不是简单的字词组合，而是要用创造性的思维思考如下问题。

- 这篇文案的写作目的是什么。
- 要达到怎样的效果。
- 如何才能让受众毫无芥蒂，甚至心甘情愿地接受文案所要传达的信息。

一篇优秀的文案需要下不小的功夫，有时准备一则文案所需的素材所消耗的时间和精力会多于写作。总体说来，成功发布一则移动商务文案需要经历明确写作目的，搜集并整理素材，分析产品、市场和受众，输出创意并完成文案4个阶段。

1.3.1 明确写作目的

移动商务文案大多带着写作目的。例如，有的是为了推广新品，有的是为了传递品牌态度或理念，有的是为了宣传活动，有的是为了进行品牌公关等。不同的移动商务文案写作目的，会使移动商务文案在具体的写法上有较大区别。因此，文案人员在写作时要有针对性地输出内容，这样才能写出受众感兴趣的内容。

通常在不同目的的驱使下，移动商务文案的侧重点各有不同，如图1-22所示。因此在写作移动商务文案前，文案人员需明确移动商务文案的写作目的，根据目的去构思和组织移动商务文案内容。

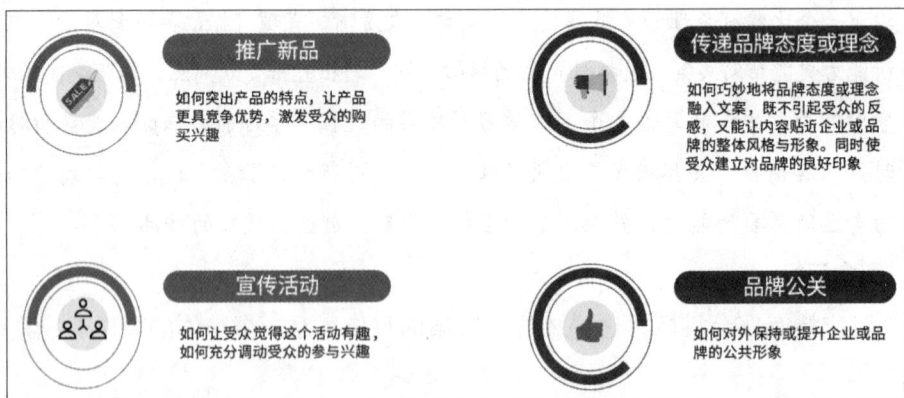

推广新品
如何突出产品的特点，让产品更具竞争优势，激发受众的购买兴趣

传递品牌态度或理念
如何巧妙地将品牌态度或理念融入文案，既不引起受众的反感，又能让内容贴近企业或品牌的整体风格与形象。同时使受众建立对品牌的良好印象

宣传活动
如何让受众觉得这个活动有趣，如何充分调动受众的参与兴趣

品牌公关
如何对外保持或提升企业或品牌的公共形象

图1-22 不同目的下文案的侧重点

图1-23所示为某茶饮品牌在微博发布的新品推广文案，该文案主要是通过引导受众形容自己最喜欢的茶桃酥口味，以宣传该茶桃酥的多种口味。同时借助专属饮品全免券的优惠吸引受众多多参与，很好地提升了文案的传播度，有利于新品的推广。

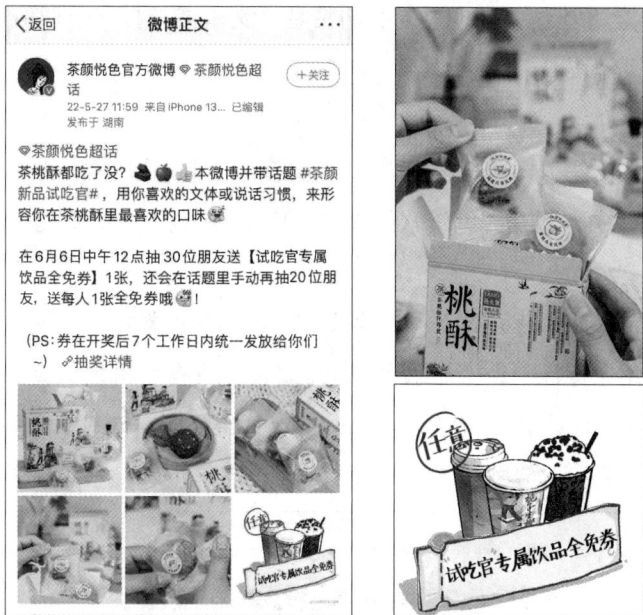

图1-23　新品推广文案

1.3.2　搜集并整理素材

搜集并整理素材是写作移动商务文案前必经的重要准备工作，素材越丰富，越容易撰写出打动人心的内容。下面分别从搜集素材和整理素材两个方面介绍本阶段的工作内容。

1. 搜集素材

移动商务文案写作涉及的素材很多，主要包括文字类素材、图片类素材和音视频类素材等。

- **文字类素材**。文字类素材指文案写作时可供利用的各种文本，多为知识点、引用材料等，如产品属性信息、竞争对手的文案、产品相关的销售话术、广告内容企划等。
- **图片类素材**。图片类素材包括文案人员自行拍摄、绘制的图片，以及来源于网络，或加工处理影视作品后制成的截图、拼图等。
- **音视频类素材**。音视频类素材分为音频和视频两部分。其中音频包括音乐或录音文件等，一般作为背景音和补充素材出现在文案中；视频包括企业或品牌拍摄的宣传片、产品视频，或截取自电影、电视剧的视频片段等。

素材的来源渠道大致分为3种：第一种由广告主提供，通常包括产品参数、图片等详细信息；第二种来源于本公司及文案人员的素材库，这些都由平日的积累获得，如日常搜集的素材、自己拍摄制作的素材等；第三种则是在网络中搜集获得的，这也是较常见的素材搜集方法。就最后一种渠道而言，因为每次推广对象不同，文案人员总需要了解新的消息或获得适用的新素材，因此就需搜索竞争对手同类产品的文案、广告主以往发布的文案、受众对产品的评价等，以写出更符合广告主要求和受众喜好的移动商务文案。

这些渠道中的素材基本可以通过复制与粘贴（文本或链接）、收藏、分享、下载、截图、拍照、录制等操作获取、保存。

2. 整理素材

搜集好的素材，文案人员可以根据自己的喜好和习惯制作成文档储存在计算机中，或存放于某些专门的软件中，如在线编辑软件WPS Office、电子笔记管理工具OneNote、印象笔记。

以OneNote为例，该软件可以分类整合文字类、图片类素材，提供图片转文字、笔记分区、淡彩荧光笔（用于标注）、实时录音等功能，而且支持手机、平板、计算机同步使用，功能多样，操作简单。图1-24所示为利用OneNote分类整理素材的示例，可以看出笔记中已经对素材做了分类，文案人员可以参考该方法。

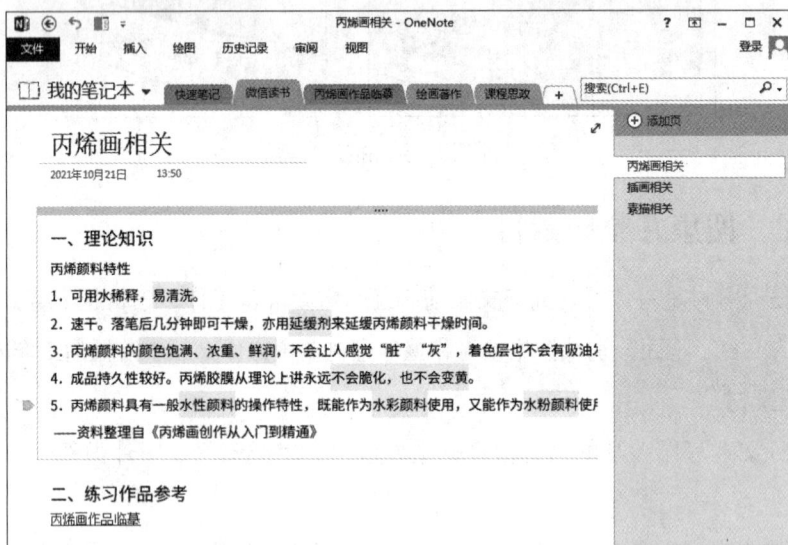

图1-24　利用OneNote 分类整理素材

并不是所有的素材都适合文案写作，文案人员在整理素材时，最好注意以下几点。

- **有目的地筛选素材**。素材并不都是有用的，全部保存容易造成资源的冗杂、累赘，因此文案人员应根据需要有选择性地筛选素材，遵循有用、易用的原则选取素材。如果遇见目前不需要但又很有价值的素材，需要分析其是否有长久留存的价值、能否给自己带来灵感，并有所取舍。

- **建立对素材的记忆**。如果素材的位置与内容不便于记忆，很可能会影响素材的实际运用。因此，文案人员在整理素材时应采取便于记忆的分类方式，并牢记不同类型素材的存放位置。好记性不如烂笔头，文案人员可以将素材的分类、储存路径记录下来，并标注其中的重点内容。

- **定期清理**。每次写作文案都可能会新增一批素材，若不定期清理，长此以往，积累的素材就会越来越多，因此，文案人员需要定期清理过期、无用的素材，精简素材库。

> 由于素材积累是一个漫长的过程，在不同的阶段，文案写作所需要的素材可能会不同，因此，在定期清理的时候，文案人员还需要根据现状更新文案素材的分类方式，以便查找。

1.3.3 分析产品、市场和受众

为了写出更具有针对性的移动商务文案，文案人员还需要进行一些必要的调查，确保文案的写作建立在对产品、市场和受众的科学分析之上，能满足市场需求。

1. 分析产品

移动商务文案的本质在于促进产品的销售，许多移动商务文案都会有一个主推产品，因此，在写作移动商务文案前，文案人员还应做好产品的分析，对产品有较为确切的了解。一般来说，文案人员可以从以下方面了解产品。

- 产品的主要功能是什么。
- 该产品区别于其他产品的特点是什么。
- 产品的优势在哪里。
- 产品的实用价值是什么。
- 产品针对的受众是哪些。
- 产品能帮助受众解决什么问题。
- 产品是否经济实惠。
- 产品的购买渠道是什么。
- 产品有无优惠活动。
- 提供了哪些售后服务。
- 购买过产品的受众的反馈怎样。

2. 分析市场

在写作移动商务文案前，文案人员还需要对品牌或产品所处的市场做全面的分析，如了解品牌的内外部环境、产品的市场需求情况等，才能根据分析结果制定恰当的营销策略。分析市场的方法有许多，常见的包括通过SWOT分析法分析、借助百度指数分析、利用问卷调查分析等，这些分析方法可以根据具体情况综合使用。

（1）通过SWOT分析法分析

SWOT分析法是一种基于内外部竞争环境和竞争条件的态势分析方法，经常用于企业的战略决策或者对竞争对手的分析中。SWOT由4个英文单词的首字母组成，分别为优势（Strengths）、劣势（Weaknesses）、机会（Opportunities）和威胁（Threats）。这种分析方法是通过对各项内容、资源的有机结合与概括来分析企业的优劣势以及面临的机会和威胁，然后制定恰当的战略。该方法有助于文案人员建立对产品、对手、环境的认识。表1-1所示为SWOT分析法的具体内容。

表1-1　SWOT分析法的具体内容

外部/内部		内部环境	
		内部优势（S）	内部劣势（W）
外部环境	外部机会（O）	SO战略 依靠内部优势，利用外部机会	WO战略 利用外部机会，克服内部劣势
	外部威胁（T）	ST战略 依靠内部优势，回避外部威胁	WT战略 克服内部劣势，回避外部威胁

- **优势（S）**。主要分析企业在成本、营销手段、品牌力及产品本身等方面有什么长处和竞争点。
- **劣势（W）**。主要分析企业本身有哪些劣势，竞争对手是否避免了这点，他们做得好的原因。还要分析受众反馈的不足之处，总结自己的失败原因，因为有些问题可能是自己也没有注意到的。
- **机会（O）**。分析企业内部所规划目标的机会在哪里，短期目标如何实现，中期目标如何实现，长期目标的实现要依靠什么；分析企业外部有什么发展机会，包括受众观点的变革、产品的更新换代、新的营销手段的出现、销售渠道的拓宽等。
- **威胁（T）**。分析有哪些因素会不利于企业的发展或产品的营销，这些因素包括最新的行业发展、国家政策、经济形势及来自竞争对手的威胁。然后分析是否会有这些因素出现并寻求规避方法。

了解优势、劣势、机会与威胁后，文案人员便可根据现状，针对4种不同的战略制定对应的具体措施，以弥补自身劣势。表1-2所示为利用SWOT分析法分析某农产品品牌的示例。

表1-2　利用SWOT分析法分析某农产品品牌

外部/内部	内部环境	
	内部优势（S）	内部劣势（W）
外部/内部	农产品种类丰富，且品质较好 经过前期营销，积累了一定的品牌口碑 客户忠诚度高	还未形成较强的品牌效应，知名度较低 渠道少，市场覆盖度较低 多为初级产品，缺乏精细加工

续表

外部环境	外部机会（O）	SO战略	WO战略
	农村电商兴起，提供了多样的购销平台 农产品直播"带货"兴盛 国家政策支持农村电商的部署，如农村物流体系建设等 消费者健康意识强，农产品市场需求较大	继续利用产品和营销优势，扩大销售规模 在政策支持下，促进多销售平台的开发 充分利用农村电商销售的东风，发展网络销货	在多个主流电商平台建立品牌店 强化市场定位，加大品牌宣传力度 拓展分销渠道，可参考社区拼团、直播卖货等销售途径 加大产品加工、创新力度
	外部威胁（T）	ST战略	WT战略
	农产品市场竞争较大 产地竞争优势不明显 缺乏完整配套的可追溯系统	加大推广"地理+产品"的品牌组合策略 根据消费者需求提升产品附加值 促进产业链数字化改造	构建多渠道并进的网络化渠道 加大新产品开发投入 实现差异化竞争

高手有话

> 　　农村电商是发展数字经济、乡村振兴和数字乡村建设的强力抓手。截至2021年，我国农村电商发展已进入"数商兴农"的高质量发展阶段。数商兴农指发展数字商务振兴农业，充分释放数字技术和数据资源对农村商务领域的赋能效应，全面提升农村商务领域数字化、网络化、智能化水平，以促进乡村产业振兴。由此可见，文案人员要注意培养敏锐的市场观察能力，了解产品所处行业的市场状态和发展前景。

（2）借助百度指数分析

百度指数是以百度网民的行为数据为基础的数据分享平台，能够展示某个关键词的搜索频率、一段时间内的涨跌态势，以及关注这些关键词的网民构成等丰富数据。其主要功能模块包括基于单个关键词的趋势研究、需求图谱、人群画像，以及基于行业搜索指数的行业排行。百度指数中包含多个数据指数，下面以在百度指数官网搜索"咖啡"为例介绍这些指数，以及指数中体现出来的咖啡市场需求情况。

- **搜索指数**。搜索指数能展示关键词最近30天在全国范围内PC端和移动端（可以分别查看不同端的相关数据）的搜索指数趋势图，以及各种日均值和同比（与去年同期相比）、环比（与连续两个统计周期内的量的变化相比）变化数值。图1-25所示为咖啡的搜索指数，可以看出其前30天的整体搜索量较为平稳，市场需求趋于稳定。

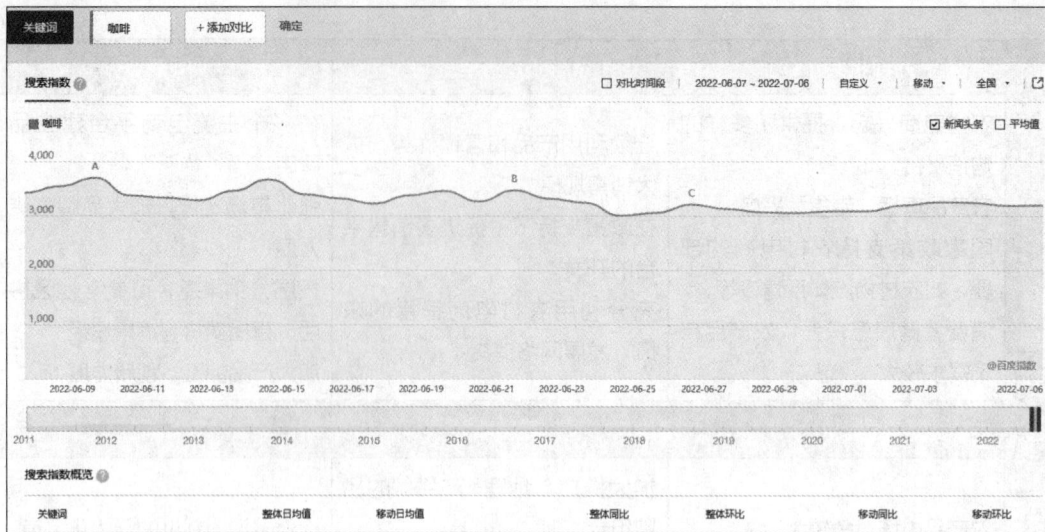

图1-25 搜索指数

- **资讯指数**。资讯指数反映新闻资讯在互联网上对特定关键词的关注及报道程度的持续变化。为了更详尽地了解信息，还可以重新调整日期，查看关键词不同时间的资讯指数。例如近7天、近30天、近90天或近6个月等。图1-26所示为近90天咖啡在新闻资讯中出现的频率和被关注情况，根据资讯指数变化，则可以着重了解其数值变化的原因。

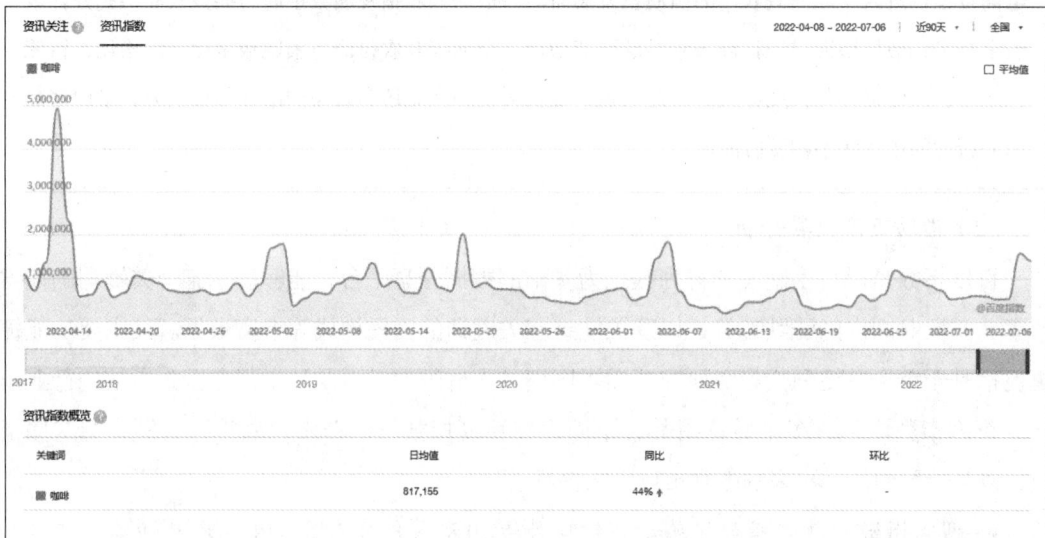

图1-26 资讯指数

- **需求图谱**。需求图谱主要展示受众在搜索关键词的前后搜索行为变化中表现出来的相关检索词需求。由此可以了解受众关注的内容，以更好把握受众需求。图1-27所示为咖啡的需求图谱，可以看出关注咖啡的人，对咖啡的功效、作用、品牌等更感兴趣，因此若要开展宣传推广，要注意突出咖啡的功效与作用和品牌的影响力。

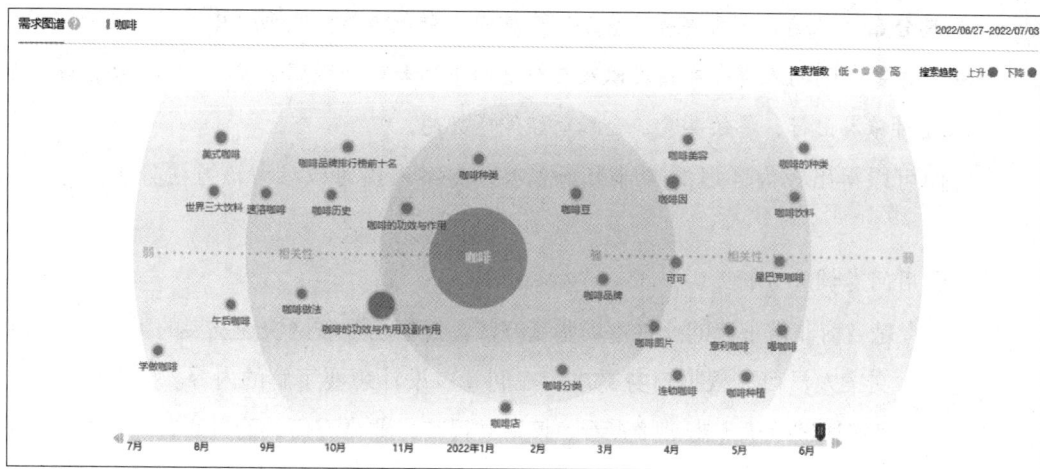

图1-27 需求图谱

- **相关词热度**。相关词热度主要展示通过受众搜索行为，细分搜索中心词的相关需求中最热门的词及热度上升最快的词。例如，根据搜索结果发现，连锁咖啡、咖啡的功效与作用及副作用等相关词的搜索趋势上升，因此文案可以以此为核心吸引受众关注。
- **地域分布**。地域分布主要展示关注该关键词的受众来自哪些地域，包括省份、区域和城市3个指标。地域分布与人群属性、兴趣分布的作用类似，主要用于关键词的人群画像。例如，以省份来看，广东、江苏、浙江等省搜索咖啡的情况较多；从区域来看，关注咖啡的人集中于华东；从城市来看，关注咖啡的人主要集中在北京、上海、深圳、广州等一线城市。图1-28所示为搜索咖啡的受众的城市地域分布。

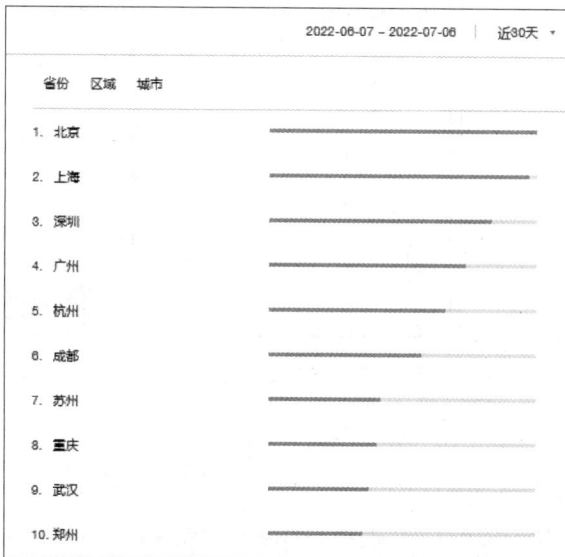

图1-28 城市地域分布

- **人群分布**。人群分布主要展示关注该关键词的受众的性别、年龄情况。例如，关注咖啡的人的年龄多在20～29岁、30～39岁，且男女人数相差不大。

- **兴趣分布**。兴趣分布主要展示基于百度搜索人群行为数据及画像库，刻画所选范围中关注该关键词的人群分布情况以及相对全网平均表现的强弱程度。例如，关注咖啡的人还对旅游出行、餐饮美食、金融财经等感兴趣。

由此便可以得出较为详尽的咖啡市场需求，文案人员可以参考该方法分析产品市场需求。

（3）利用问卷调查分析

问卷调查是当前非常主流的一种市场调查方法，在移动互联网快速发展的当下，网络问卷非常常见。文案人员可以根据自身需求，在问卷中设计想要了解的内容。发布调查问卷后，受众可以直接通过手机点击链接查看、填写并提交，非常方便，而且调查问卷的结果的针对性非常强，有助于文案人员快速获取想要了解的信息。图1-29所示为笔记本电脑的市场需求调查问卷部分示例，通过该问卷，文案人员可以轻松了解目标受众的年龄、偏好等，从而写出更具吸引力的文案。

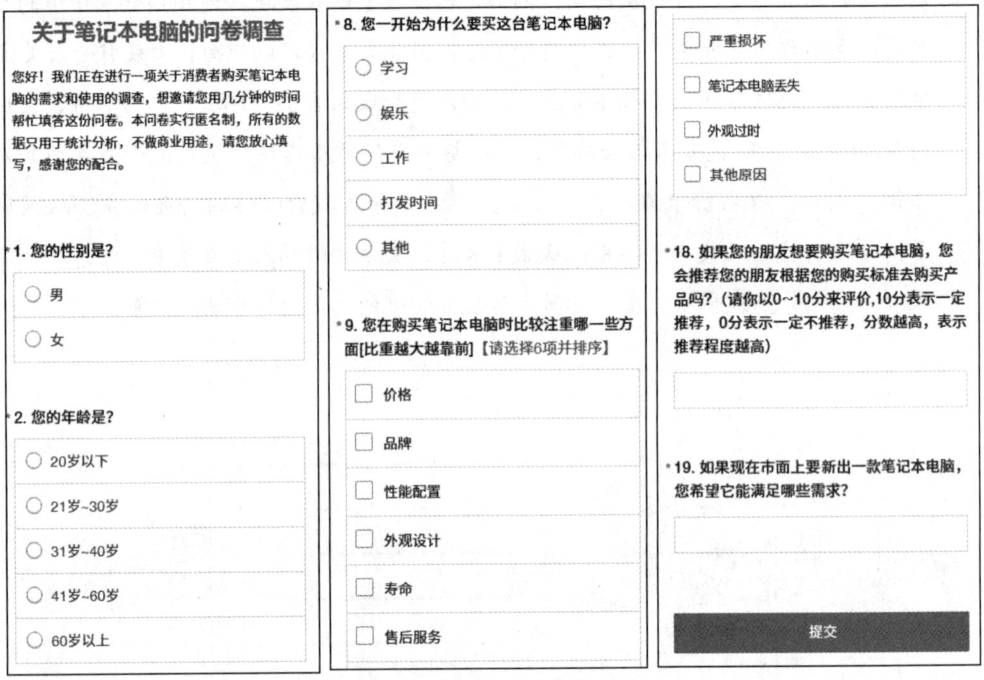
关于笔记本电脑的问卷调查

您好！我们正在进行一项关于消费者购买笔记本电脑的需求和使用的调查，想邀请您用几分钟的时间帮忙填答这份问卷。本问卷实行匿名制，所有的数据只用于统计分析，不做商业用途，请您放心填写，感谢您的配合。

*1. 您的性别是?

男

女

*2. 您的年龄是?

20岁以下

21岁~30岁

31岁~40岁

41岁~60岁

60岁以上

*8. 您一开始为什么要买这台笔记本电脑?

学习

娱乐

工作

打发时间

其他

*9. 您在购买笔记本电脑时比较注重哪一些方面[比重越大越靠前]【请选择6项并排序】

价格

品牌

性能配置

外观设计

寿命

售后服务

严重损坏

笔记本电脑丢失

外观过时

其他原因

*18. 如果您的朋友想要购买笔记本电脑，您会推荐您的朋友根据您的购买标准去购买产品吗?（请你以0~10分来评价,10分表示一定推荐，0分表示一定不推荐，分数越高，表示推荐程度越高）

*19. 如果现在市面上要新出一款笔记本电脑，您希望它能满足哪些需求?

提交

图1-29　笔记本电脑的市场需求调查问卷部分示例

3. 分析受众

目标受众不同，文案写作所采取的方法也大不相同，文案写作的侧重点也不同。因此在写作文案时，要对文案所面对的目标受众进行划分，根据不同人群的特点拟定不同的方案。目标受众的划分可以从以下几个方面入手。

（1）分析社会角色

每个人都有自己的社会角色，按职业可分为上班人员、学生等。上班族按工作种类可划分为医生、律师、教师、清洁工、服务员等；按性别又可分为男性与女性。一个人的社会角色向来都不是单一的，而是多种角色的叠加，但很多时候这些角色又能进行整合，如追求高品质生活、拥有高收入的人群，追求便宜实惠、收入一般的人群等。

① 分析受众的社会角色能够帮助文案人员迅速找准产品定位。例如，轻奢鞋包、化妆品、职业套装、高跟鞋等面向的就是职场女性；西装、皮带、领带等面向的就是职场男性。产品不同，针对的目标人群也不同。撰写产品文案，重要的是找准产品所对应的目标受众，摸清这些人的消费特点，这样才能写出针对性强的文案。

② 分析受众的社会角色能够帮助文案人员确定文案叙述方式。产品所针对受众的社会角色不同，其文案的叙述方式也不同，因此在确定目标受众时需要根据具体问题具体分析。例如，就儿童玩具而言，其面对的销售对象实际是儿童的父母，所以写出的文案得抓住父母的购买心理，如安全、益智等。

📝 高手有话

还有一些外部因素会影响目标受众的划分，如受众的经济状况，是否负债或可支配收入是否充足等。一般来说，同一收入阶层，因可支配收入的不同，选择的产品也会不同。又如，在不同的生活阶段，受众的需求也不同，如结婚买房时，受众可能会购买平时不会买的昂贵家具，这时，受众就从一种产品的目标人群转化成另一产品的目标人群。

（2）分析消费心理

受众的购买决策与其消费心理息息相关，文案人员应了解受众不同的消费心理，并根据不同消费心理的特点，在文案中展现产品或品牌与消费心理契合的部分，从而打造出针对性强的文案。

- **好奇心理**。好奇是人们普遍都会有的一种心理，但不同人的好奇程度不同，就会产生不同的购买行为。针对那些好奇心强的受众，文案人员要注重突出产品的趣味性，勾起其好奇心。例如，某大热国漫周边盲盒强调隐藏款和夜光效果就是利用了受众的好奇心理。利用好奇心理写作的文案如图1-30所示。

- **从众心理**。通常人们所说的"随大流"就是从众心理，它是指个体在社会群体或周围环境的影响下，不知不觉或不由自主地与多数人保持一致的社会心理现象。对于这一消费心理的受众，文案人员可以在文案中突出产品的高销量和社会热度，如该产品

图1-30　利用好奇心理写作的文案

是热销品等。

- **实惠心理**。拥有实惠心理的受众追求的是产品的物美价廉。他们一般看重产品的功能和实用性，对价格低廉、经久耐用的产品很感兴趣。针对有这类消费心理的受众，要着重体现产品的高性价比、实用性能或促销优惠等。

- **习惯心理**。很多受众在购物的过程中会产生一定的购物习惯或购买倾向，如偏向于购买某个品牌的产品、只购买价格不超过某个范围的产品、购买消费过的店铺的产品等。针对这类受众，重要的是吸引其产生第一次消费行为，再根据后台的相关数据分析、了解其偏好，尽力满足其需求。

- **比较心理**。比较心理是指在有同类产品或更多选择的情况下，受众往往会选择更优选项的消费心理。文案人员在写作针对这一类型消费心理受众的文案时，要突出本产品是优质选项，值得购买。

- **崇名心理**。崇名心理指受众倾向于购买具有一定知名度或影响力的品牌产品的消费心理。针对有这类消费心理的受众，可注重体现品牌影响力、品牌态度或产品品质，彰显产品实力。

- **名人心理**。名人指受众广泛关注的个体，通常要求这类个体的公众形象是正面的。与名人心理相对应的是名人效应。名人效应就是因为某位名人而达成的引人注意或强化事物、扩大影响的效应，或通过模仿名人的某些行为或习惯而获得满足的现象。因此，可以将拥有名人心理的消费行为看作受众对名人效应的推崇。针对有名人心理的受众，文案中要注意体现名人推荐或名人的参与性，以及名人的身份地位等，从而凸显产品的地位。例如，某些书籍产品则会标示（标明）某学者或媒体机构推荐等。

- **崇美心理**。崇美心理指关注产品欣赏价值或艺术价值的消费心理。有这类心理的受众可能既关注产品的实惠耐用，还关注产品是否能美化生活，是否具备造型美、装饰美或包装美等性能。面对有这类消费心理的受众，文案人员需要强调产品的欣赏价值。

高手有话

> 此外，还可以针对竞争对手的文案进行分析，了解其文案特色、创意点、市场影响力、受众接受度，列出价值点，找到其价值链中的空白，再结合自身以往文案的发挥情况，继续保持优势，进一步克服、弥补劣势，并尽量将对方的劣势转为自身优势，增强自身的竞争力。

1.3.4 输出创意并完成文案

在了解了产品、市场、受众后，文案人员就可以有针对性地输出创意，思考如何表现文案，如何获得受众的关注与好感，达成营销效果。例如，文案构建怎样的场景，表达什么内容，图片如何选择、设计等。文案人员还可以根据自己设想的内容制作简单的内容提纲，如核心创意是什么，第一部分、第二部分或底单部分介绍什么，插图选择什么等，最终完成文案的设计。

在文案发布后，文案人员可以通过数据、目标受众反馈等方式考查文案的推广效果，并对文案工作中的优点和不足进行归纳总结。对于优点，可以继续发扬；对于不足，文案人员需要根据受众的反馈情况进行改进，以避免在今后的文案写作中重蹈覆辙。

1.4 同步实训

1.4.1 赏析一篇移动商务文案

【实训背景】

近年来，"向善"成为时代的方向，公益的价值日趋显著，我国"十四五"规划中还提出将慈善事业纳入第三次分配，以推动实现共同富裕。而现代商业作为与公益相伴相生的伙伴，为我国公益事业做出了巨大的贡献。许多企业或品牌纷纷关注、参与公益活动，如菜鸟网络的"一键公益"项目、洋河股份发起的"梦之蓝·手工班助学圆梦公益行"兴学助教、中南建设的"一厘米温暖"文化扶持活动等。

2021年，单向空间独立书店发布了一篇微博文案，表明其联合菜鸟驿站和锦鲤驿站一起向全社会发起"翻书越岭"活动，开通公益捐书渠道，鼓励人们送出闲置书籍，为渴望阅读的大凉山的孩子们架起一座认识世界的智慧桥梁。图1-31所示为"翻书越岭"活动部分海报文案。

她不应该只和蝉鸣与野花做伴

她还可以找到《夜莺与玫瑰》

她不应该只困于山野

她还可以《步履不停》

他不应该只是遥远观望他人的时代

他还可以拥有自己的《黄金时代》

图1-31　"翻书越岭"活动部分海报文案

【实训要求】

（1）辨别文案的类型。

（2）分析文案的作用。

【实训步骤】

根据实训要求，本实训可以分为以下步骤。

（1）辨别文案的类型。

根据该文案写作和发布的缘由来看，此文案是典型的以推广"翻书越岭"公益活动来树立良好品牌形象的文案，属于品牌文案。

（2）分析文案的作用。

①"翻书越岭"公益活动向社会发出号召，鼓励公众广泛参与，其体现了移动商务文案可以用于互动营销。

②文案将孩子们的日常生活与一些著名作品相结合，如"蝉鸣""野花"和《夜莺与玫瑰》，"困于山野"和《步履不停》等，表明了书籍中蕴含的广阔思潮和能带给人的精神力量，成功让受众的目光聚焦到山区孩子的精神世界上，体现并印证了本次公益活动的重要社会价值——让大山里的孩子通过"翻书"实现思想和心灵的"越岭"。基于公益活动而撰写的文案，展现了企业勇于承担社会责任的形象，还提高了单向空间、菜鸟驿站等品牌的品牌价值。

1.4.2　查看移动商务文案岗位

【实训背景】

2022年4月，《新时代的中国青年》白皮书发布，展示了许多青年人在新时代的奋斗征程和杰出成就，他们或艰苦奋斗，在新时代中施展抱负，或扎根基层、助力乡村振兴，在平凡岗位默默奉献。白皮书深刻反映了新时代中国青年的精神面貌，为理想、事业而奋斗的无畏精神。

小王是一名广告专业的学生，他一直梦想成为一名广告人，设计了很多充满创意的作品。在追梦路上，小王为实现目标做了许多努力，如精进专业、持续练习写作、不断学习行业新知识等。毕业后，小王成功找到了文案编辑的工作，主要负责在微信、微博等平台发布企业相关信息。为了精进文案写作水平，使自己更匹配文案岗位的要求，更好地制定未来的学习和发展计划，小王打算深入了解并查看当前的文案岗位。

【实训要求】

（1）查看文案相关的岗位。

（2）查看文案岗位的岗位职责与岗位要求。

【实训步骤】

根据实训要求，本实训可以分为以下步骤。

（1）利用招聘网站查看文案岗位。

常见的招聘网站包括智联招聘、前程无忧、BOSS直聘等。小王打算先查看智联招聘网站中与"文案"相关的招聘岗位。首先进入智联招聘官网，并在搜索框中搜索"文案""电商文案"等，此时将出现相关的岗位信息，如图1-32所示。

图1-32 "文案"和"电商文案"的搜索结果

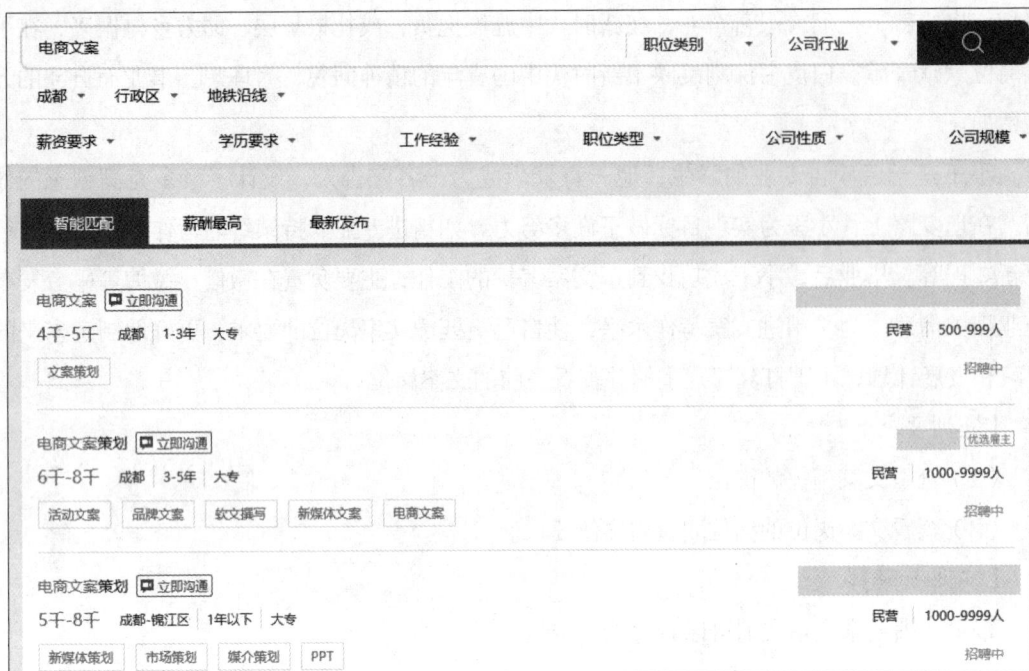

图1-32 "文案"和"电商文案"的搜索结果（续）

（2）查看职位描述。

单击其中任意一个文案岗位，查看其岗位职责和岗位要求等职位描述，如图1-33所示。

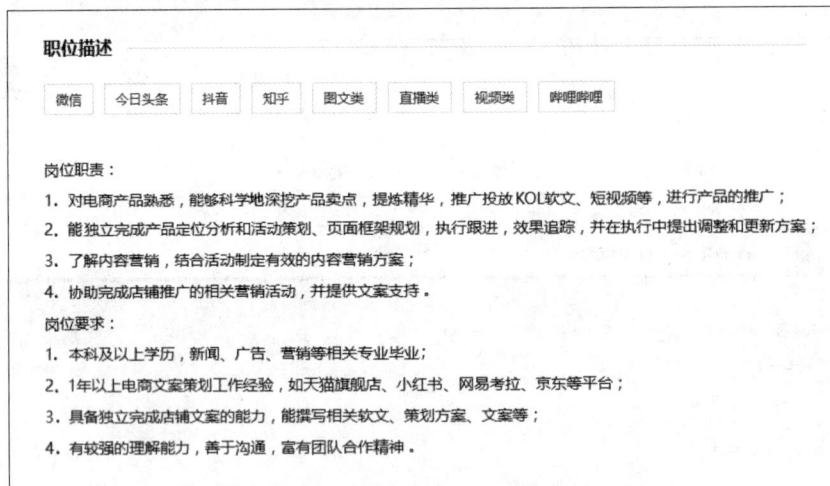

图1-33 查看文案岗位的职位描述

（3）得出关于文案岗位的看法。

再多浏览几个文案岗位的职位描述，可以看出文案岗位大多都涉及移动电子商务，如常见的淘宝、天猫、微信、抖音等，要从事相关工作需要掌握多种文案的写作方法。同时，职位描述中还对岗位要求和能力做了说明，如要求相关专业，具备理解能力、沟通协调能力、创新能力、互联网思维、学习能力，以及责任心和敬业精神等。

1.5 思考与提高

1. 你如何看待移动商务文案的发展前景。

2. 移动商务文案写作会经历哪些流程。

3. 请分别描述具备崇美心理、名人心理和实惠心理的受众的特点，并列举针对这类心理的文案写法。

4. 阅读下面的案例，然后回答问题。

你的青春答案是什么？2022年7月，恰逢毕业季与招生季，荣耀携手新华社发布十校合唱版"你的答案"音乐短片，透过荣耀70的Vlog主角模式，聚焦高校中的年轻人，展示青年力量，图1-34所示为短片截图。短片主角包括北京航空航天大学自主研发无人机（25～100kg级油动固定翼无人机续航时间）两破世界纪录的"00后"团队、实现国际大学生超算竞赛四连冠的清华学子、自制火箭成功发射并回收的南航学生等。该音乐短片旨在引起年轻人的共鸣，鼓励年轻人在拼搏中寻找属于自己的答案。

图1-34 "你的答案"音乐短片截图

（1）该文案属于什么类型？

（2）你认为这篇文案发挥了什么作用，赏析该文案。

第2章

构思移动商务文案的创意

学习目标

- 掌握多角度思维的方法。
- 了解头脑风暴法、九宫格思考法及其他创意策略。
- 能够利用各种创意策略构思创意。
- 能够优化移动商务文案的创意设计。

素养目标

- 有意识地培养创新意识、创新思维，不断成长为社会需要的创新型人才。

案例导入

随着人工智能技术的发展，许多影响人们日常生活的智能产品开始出现，如智能门锁、智能音箱、智能扫地机器人等，人们的生活方式也随之改变，变得更加便捷、美好。在大家都认可智能改变生活时，小米运用逆向思维，提出"智能产品不能……"的各大主张，发布了"小米智能生活"文案。文案选取了8个日常生活中的常见场景，表达"智能从来不曾改变你，是你在改变你的生活"的态度。图2-1所示为其文案截图及视频中的文案内容。

图2-1　"小米智能生活"文案

该怎么说呢　有时候

智能产品　不能让我们少操心

不能帮我们减轻负担

不能让我们少走路

不能让我们耳根清净

或者，少费口舌

不能解决孤独

不能阻挡地球自转

不能取代那些重要的人

智能从来不曾改变你

是你在改变你的生活

该文案看似表达智能生活的局限性，然而通过视频画面的辅助，实际表明了智能产品可以帮助我们的生活。例如，智能产品并不能让我们少操心，却可以帮我们减少对家人的担心，用小米手机即时定位带着小米智能手表的爷爷，纵使他迷了路，我们也可以轻松找到他。在文案中，通过逆向思维，小米智能产品被打造成人生活的助手和伙伴，体现科技产品融入了人们的生活，并成为连接人与人关系的纽带，从而让受众在无形中感受到小米智能产品所带来的美好体验，传递了小米"比起科技，更了不起的，从来是人自己"的价值观，触动受众内心，传递品牌温暖。

智能产品本身是没有温度的，只有人的参与，才让这些产品参与的生活充满温暖，也才能称之为智能生活，该价值观通过这次逆向思维营销得到了很好的传递。最终，小米的这次营销获得了大众的广泛认可与关注，引发了一大波网友分享自己与小米智能产品的故事。由此可见，文案的创意可以大大地提升文案的表现效果，更好地实现营销目的，因此，文案人员要掌握构思移动商务文案创意的策略。

2.1 移动商务文案创意策略

移动商务文案写作常需要创意性的思考方法，创意往往是文案决胜的关键。例如，有的文案以感人肺腑的故事取胜，有的则以无厘头的表达吸引受众，这些都是文案人员创意产出的结果。因此，文案写作的创意策略非常重要。常见的创意策略包括发散思维与聚合思维、逆向思维与横向思维、头脑风暴法与九宫格思考法等。通过这些策略，可以将创意条理清晰地呈现出来，更好地融入文案，形成一篇优秀的文案作品。

2.1.1 百变创意——多角度思维

创意的诞生考验人的创造力，而创造力又与思维方式有直接关系。通常，不同的思维方式将产生不同的思考结果，若文案人员能掌握多角度的思维方式，不仅可以实现创新，为文案添彩，还可以锻炼文案人员的思维能力，提高文案人员的写作水平。

1. 发散思维

发散思维亦称扩散思维、辐射思维，是指在创造和解决问题的思考过程中，从已有的信息出发，尽可能向各个方向扩展，不受已知或现存的方式、方法、规则和范畴的约束，并且从这种扩散、辐射和求异式的思考中，求得多种不同的解决办法，衍生出各种新设想、答案或方法的思维方式。

进行发散思维需要有充足的想象力。以曲别针为例展开想象，从它的作用出发，会想到装订书页、别衣服等，运用发散思维进行联想，它还可以用来当手机支架、钥匙扣、临时鱼钩、挂钩、晾衣绳，或用来挂日历、挂窗帘、扭成心形做装饰等。从其材质入手，曲别针经过加工可制成弹簧等。善于运用这种思维方式可以丰富产品本身的文化内涵，给文案人员更多的创作空间，使文案内容变得更加丰富和充满吸引力。

2. 聚合思维

聚合思维又称为求同思维、集中思维、辐合思维和收敛思维，是指从已知信息中产生逻辑结论，从现有资料中寻求正确答案的一种有方向、有条理的思维方式。它与发散思维正好相反，是一种异中求同、由外向内的思维方式。体现在文案写作中，聚合思维就是在众多的信息里找出最关键、最有效的信息，或从众多功能中选择最合适、最具针对性的功能，即核心卖点，从而达到一击即中的目的。例如，某筋膜枪的功能包括全身通用、8种专业级按摩、液晶智能显示屏、55mm大电机、大容量持久续航、进口AI智能芯片、低噪静音、3种流行色、深层冲击酸痛等，但其最终从更直击受众痛点的功能出发，提炼出"即刻缓解肌肉酸痛""专业级"等词作为产品核心卖点，这就是对产品功能的取舍，是聚合思维的体现。图2-2所示为该筋膜枪的海报文案。

图2-2　筋膜枪的海报文案

高手有话

常见的从多个答案中选择出一个正确答案，从多种方案中选取一种最佳方案，依靠许多资料归纳出一个正确结论等都是聚合思维的运用。聚合思维的创意表现性虽然没有发散思维强，但聚合思维确定了发散思维的方向。漫无边际地发散后，总是要走向聚合的，集中有价值的东西，才是真正的创造。

3. 逆向思维

逆向思维也叫求异思维，它是对人们几乎已有定论的或已有某种思考习惯的事物或观点进行反向思考的一种思维方式。它敢于"反其道而思之"，让思维向对立的方向发展，从问题的相反面进行探伸、摸索，找出新创意与新想法。现在网上有很多广告信息与文案，致使受众很难通过文案进行抉择和选取，这就要求文案人员跳出常规，合理地运用逆向思维提出不同的诉求点，使文案能出奇制胜，在受众心中留下深刻印象。

例如，在春节这个阖家团圆的日子里，许多品牌都以"团聚""回家"等为主题，平安保险则反其道而行之，以"离别"为主题，发布了"亲爱的爸妈　我们终将会离开"视频文案，图2-3所示为其视频文案截图。文案讲述了三个家庭的子女在春节假期与父母短暂相聚后离别的故事，引发了受众不在家时，谁来照顾父母的担忧，从而提出远行路上由平安保险某产品替子女守护父母的主张，不仅成功宣传了品牌，还拉近了与受众的距离。

图2-3 "亲爱的爸妈 我们终将会离开"视频文案截图

逆向思维的运用还体现在移动商务文案的标题上。例如，有的文案标题使用"千万不要……"的句式，反而激起了受众的逆反心理和阅读欲望。或者如"买了这些收纳产品后我太后悔了"等标题，本以为内容是让受众"避雷"，其实是表明后悔买得太晚了。这样的写法表现力更强，容易给受众留下深刻印象。

4. 横向思维

横向思维是一种打破逻辑局限，将思维往更宽广的领域拓展的思考模式，它不限于任何范畴，逃离逻辑思维，可以创造出更多新想法、新观点、新事物。其最大的特点是打乱原来明显的思维顺序，从其他角度寻求新的解决办法。

例如，就一款耳机而言，可以思考受众心目中最希望它是怎样的，怎样才会大受欢迎，这就是问题的终点；再进行市场调研，充分了解消费者需求，找出该产品的创意点，可以是耳机的音质，也可以是其独特的外形，这就是从终点返回起点式的横向思维的运用。

换位思考也是横向思维的一种表现形式，一个人，他有自己的思考角度，但通过换位思考，他就成了"另一个人"，思考的角度自然也就不同了。

例如，某新零售品牌在其虎皮鸡爪销量突破5000万袋时，发布了5个短视频文案，通过5个富有创意的故事单元介绍其虎皮鸡爪的特色和高销量成果。例如，将"鸡"横向拓展至读音相同的"机"，设计了一个长鸡爪的飞机，借助飞机"上天"的画面和文案代表鸡爪带给人的高水平味觉享受；将鸡横向拓展至一只不想成为食物的鸡，讲述鸡去找老虎和凤凰学艺后竟变成"虎皮凤爪"的故事，情节曲折有趣；将鸡横向拓展至唱童谣的鸡，将产品编入童谣"你拍五，我拍五，凤爪就吃王小卤"，趣味十足。此新零售品牌的文案的创意围绕产品展开，分散又有趣，塑造了独特的鸡爪形象，很好地宣传了产品。图2-4所示为其文案部分截图。

高手有话

平时人们常用的思维是纵向思维，也就是逻辑思维，即遵循一条明显的思维路线，直上直下地进行垂直思考。而横向思维则可以创造多个切入点，甚至可以展开从终点返回起点式的思考，锻炼人们的创造力。

图2-4　文案部分截图

2.1.2　常用技法——头脑风暴法与九宫格思考法

在写作移动商务文案时，文案人员常会对产品的卖点进行梳理，包括市场、产品属性、特征、质量、设计等，并为此输出创意文案，充分展示产品特点。创意是一个循序渐进的过程，而通过一些简单的方法，文案人员可以充满逻辑的方式将文案的创意表现出来。下面将对文案的创意输出方法进行介绍。

1. 头脑风暴法

在移动商务文案的创意构思过程中，文案人员常使用头脑风暴法。该方法是一种针对创造能力的集体训练法，可以帮助人们打破常规思维，无拘无束地思考问题，以在短时间内产生大量的灵感，甚至获得意想不到的收获。一般来说，头脑风暴法常用于小型研讨会，其实施要点包括以下5个。

- **会前准备**。在会议开始前，需要确定会议的主题，并将其提前通报参与者，让参与者有一定准备，并使参与者清楚会议提倡的原则和方法；还需要选择会议主持人，以引导会议进程，确保参与者遵循会议基本规则。

- **参会人数**。参会人数以6～10人为宜，一般不超过15人。

- **会议时长**。会议时长一般控制在1小时内。

- **参会人员**。1名主持人，用于主持会议但不对参与者的设想做任何评论；1～2名记录员，用于记录所有参与者的各种想法，并对这些想法进行归类。除此之外，参与者应为不同专业或不同岗位的人员。

- **会议要求**。不要在思考的过程中评价其他参与者的想法，完成头脑风暴后才能进行评价；尽可能地说出想到的任何意见，不要害怕自己的意见不被采纳；想法越多越好，主要着重于想法的数量，而不是质量；提倡自由发言。

在实施要点的基础上，文案人员可以通过以下步骤思考问题，包括确定文案关键词、选择文案风格、加深主题思想、换位思考和确认文案可行性。

（1）确定文案关键词

在展开头脑风暴时，首先要做的是审查文案主题，确定文案关键词。关键词的设想必须保持在主题的范围内，可根据文案描述主体的不同特点和不同思考方向，罗列出相应的关键词，以产生较多的可供选择的点，如图2-5所示。

例如，就西装外套而言，从版式方向看，"1A"可以为"双排扣"，"1B"可以为"纯色，长袖"，"1C"可以为"薄肩棉垫"，"1D"可以为"收腰设计"；从材质方向看，"2A"可以为"棉52%，聚酯纤维46%，氨纶2%"，"2B"可以为"弹力小"，"2C"可以为"不易皱、好打理"，"2D"可以为"透气、易清洗"等。

方向/特点	特点1	特点2	特点3	特点4
方向A	1A	2A	3A	4A
方向B	1B	2B	3B	4B
方向C	1C	2C	3C	4C
方向D	1D	2D	3D	4D

图2-5　关键词罗列图示

关键词罗列出来后，文案人员还可以对关键词进行随意搭配，如对同一特点不同方向的关键词、不同方向同一特点的关键词，以及不同特点不同方向的关键词进行组合搭配等。紧接着，再对搭配出来的关键词进行画面联想，甚至可以用笔在纸上将画面勾勒出来，表达对这些内容的想法。这个过程会为文案人员带来不同的灵感与想法。

（2）选择文案风格

文案风格多种多样，如有趣的、温馨的、文艺的、奢华的、平实的、高端的……大多时候文案风格取决于所要描述的产品类型与品牌定位。例如，宜家作为家居品牌，其文案就通过温情、清新的风格来展示家居设计，突出家的温馨氛围，潜移默化地表达"要过有质量的生活就选择宜家家居"的思想。

（3）加深主题思想

文案人员可采用5W1H的思考方法加深主题思想，即What、Who、Where、Why、When、How，分别表示该事物是什么，使用的主体是谁，在哪里使用，为什么主体会选择使用它，什么时间点主体使用得较多，使用效果如何。当文案人员思考完这些问题并给出答案后，就代表对这篇文案已经有了较明确的想法了，至少抓住了文案的主题思想。

（4）换位思考

文案人员还可以进行换位思考，就是在推出产品时，想象如果是自己，是否会理解、欣赏这样的文案，或站在第三方立场思考还有哪些可改进的地方。一般需确保塑造的场景是生活中人们容易理解或接受的，这样可以促进人们对文案和产品的了解和认可。例如，香飘飘的奶茶文案"杯子连起来可绕地球两圈"就是方便受众理解的表述，有助于人们进行实物联想，从而对香飘飘奶茶的销量有深刻的认识。

（5）确认文案可行性

在文案写作过程中可通过微博热搜排行榜、微信公众号等途径获取关键词和灵感素材；也可参考其他已完成的文案，从中寻找异同点，判断是哪些因素促成了它们的成功或造成了失败，汲取经验；还可结合时下热点，将这些热点与产品结合；也可以搜索同行业的优秀文案，参考和模仿其风格。最终确定文案的大致创意、内容与风格。

高手有话

> 除了上述方法外，还可通过听歌、变换地理位置等方式激发灵感与创意。同时，文案人员还要保持经常记录的良好习惯，记录下来的东西可能会成为之后某个文案的灵感源泉。

完成上述步骤后，就可据此撰写初稿，并将完成的稿件给身边熟悉的第三方观看，看他们是否感受到文案所要传达的主题，能否抓住产品的亮点与卖点，是否觉得文案具有足够的吸引力。如果效果不好，再根据他们的建议进行修改，或者再次进行头脑风暴的创意讨论，直至创作出满意的作品。

2. 九宫格思考法

九宫格思考法是可用于激发创意产生的简单练习法，非常有助于文案人员的思维发散。

（1）操作步骤

九宫格思考法的操作步骤如下。

第一步，先画一个正方形，然后将其分割成九宫格，再将主题（产品名等）写在正中央的格子内，如图2-6所示。

图2-6 九宫格思考法

第二步，将与主题相关的、可帮助此产品销售的众多卖点写在旁边的8个格子内，尽量用直觉思考。

第三步，反复思考、自我辩证，查看这些卖点是否必要、明确，内容是否有重合，据此进行修改，一直修改到满意为止。若是对产品的想法很多或某个卖点还可以延伸，一张图不够用，可多填两张，再去粗取精。

（2）填写方法

九宫格的填写方法有两种：一种是以中央为起点，顺时针填写，将卖点按想到的顺序填写进去，这样做能反映出文案人员对该产品的不同卖点的渴望程度；另一种是随意填写，这有助于文案人员充分地发散思维，获得灵感。

（3）填写注意事项

在利用九宫格思考法构思文案时，文案人员应尽量填满九宫格，为了使九宫格内容通俗易懂，还应采用简明的关键词。除此之外，在使用九宫格思考法时，还需注意以下3方面的内容。

- **卖点取舍**。在填写九宫格时，文案人员应尽情发散思维，对每一个卖点进行细分或扩展，一步步完善文案内容。在九宫格填写完成后，还需整理所填内容，分析每个卖点的主次，并做出取舍。对不明确的卖点，则可以修改。
- **包装和强化卖点**。移动商务文案在很多时候并不能直接把所有卖点都表达出来，通常情况下，需要针对其中一个或几个突出的卖点进行多重包装和强化，这样会更容易让受众记住文案和产品。
- **有针对性地使用卖点**。利用九宫格归纳出卖点后，文案人员需要针对受众的记忆点，有针对性地使用这些卖点。例如，如果文案是用在宣传海报上，那么其记忆点应保持在3个以内；但如果文案是用于产品介绍，那么就可以尽可能地展示产品的众多卖点。

例如，一款办公椅有如下卖点。

- 符合人体工学，能够贴合腰椎、保护臀部。
- 科学布局网布孔洞，并融合竹炭颗粒，使其柔软、舒适、透气，保持干爽。
- 靠背内部采用乳胶材料，透气性好。
- 靠背外部可以选择使用波浪交织网布或斑马条纹网布，能够满足受众的不同需求。
- 靠背在设计时采用仿生工程技术，贴合人体脊柱，可减少久坐对脊椎的伤害。
- 坐垫使用可运动臀部弹簧，能够保证坐垫的回弹性。
- 头枕采用升降技术，能够根据实际情况调节高度，适合不同的使用者。
- 拥有后仰调节、升降调节功能，能够巧妙应对不同的使用环境。
- 座椅滑轮使用软质PVC（聚氯乙烯）材质，滑动灵活，结实耐用，能减少对地板的伤害，减少噪声。

结合该产品的信息，对资料进行融合整理，可得出办公椅的九宫格图，如图2-7所示。

贴腰护臀 久坐不累	科学布局 柔软舒适	透气
波浪交织 斑马条纹	办公椅	贴合脊柱 减少伤害
保证回弹性	后仰调节 升降调节	灵活耐用 减伤减噪

图2-7　办公椅的九宫格图

九宫格思考法能帮助文案人员理清产品卖点与文案脉络，所以在移动商务文案的写作中，文案人员要善用九宫格思考法。

高手有话

利用九宫格思考法写作移动商务文案时要注意，文案中并不总是需要将产品的所有卖点都指出来，而是要有所取舍。例如，就海报文案或推广活动文案而言，受众的记忆点最多不超过3个，所以只介绍重点功能，可以仅强调核心卖点。但是详情页文案则不一样，文案中应尽可能多地展示产品优势。

2.1.3　其他创意策略

移动商务文案的创意策略还有很多，如要点延伸法、五步创意法、金字塔原理等。文案人员掌握多种创意策略可以多样、迅速地进行创意输出。

1. 要点延伸法

要点延伸法是将产品特点以单点排列开来，再针对单点进行展开叙述的方法，如图2-8所示。要点延伸法能丰富文案的素材、观点，为文案提供资料来源。它和九宫格思考法有一定联系，九宫格思考法引发的是对产品卖点的思考，而要点延伸法更像对产品卖点进行展开和内容扩充，使文案内容更加详细、细致。

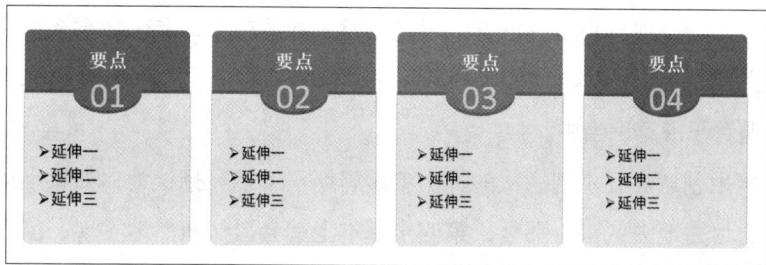

图2-8　要点延伸法

要点延伸法常被用在详情页文案的创作过程中。以某智能扫地机器人为例，文案人员可以用要点延伸法将产品卖点延伸出来，如图2-9所示。

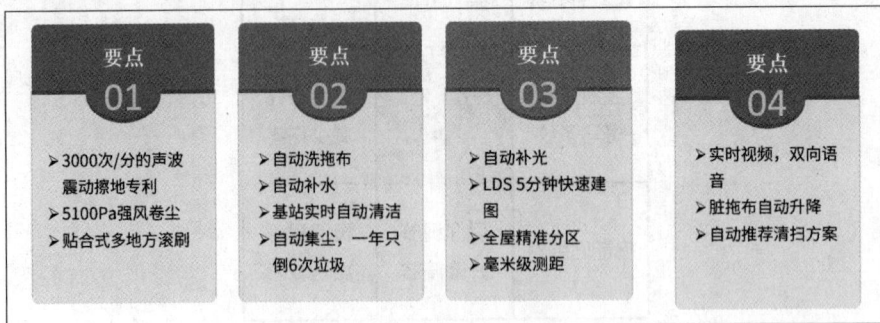

图2-9　某智能扫地机器人的卖点延伸

延伸后，该产品的卖点变得更加清晰。这时，文案人员就可以深入考虑，结合同类竞争对手的文案，在全面展示产品卖点的同时，找出自身最有竞争力的卖点，并围绕该卖点写作有创意的文案，吸引消费者的注意。

高手有话

　　移动商务文案的竞争非常激烈，特别是产品详情页文案，很多产品的详情页中都会列出诸多卖点。所以熟练运用要点延伸法细分产品卖点、找出有竞争力的卖点对增强产品竞争力十分重要。

2. 五步创意法

五步创意法也是在移动商务文案写作中常使用的创意激发方法。五步创意法，顾名思义，该方法一共有五个步骤。

第一步，收集原始资料。原始资料分为一般资料和特定资料。一般资料是指人们在日常生活中比较感兴趣的事件，包括所见所闻、热点时事等；特定资料则是指与产品或服务有关的各种资料。文案的写作材料都是从这些资料中获得的，同理，移动商务文案也是如此。因此，若想在移动商务文案的写作中展现出有效、理想的创意，原始资料必须丰富。

第二步，内心消化。思考和检查原始资料是一个比较长的过程，所以要留出足够的时间对所收集的资料进行理解和消化。

第三步，少思考，放松自己。这一阶段是创意酝酿的过程，要求文案人员不要做任何努力，不要刻意思考，应该放松自己，尽量不要去思考有关问题，让一切顺其自然。简单来说，就是将问题置于潜意识当中。

第四步，萌生创意。五步创意法的提出者詹姆斯·韦伯·扬认为，如果上述三个步骤都认真踏实、尽心尽力地去做了，那么，第四步基本上就会自然而然地实现，创意会在没有任何先兆的情况下突然出现。也就是说，创意往往是在竭尽心力，停止有意识的思考之后，经过停止搜寻的休息与放松后出现的。

第五步，修正创意。一个新的构想不一定是成熟完美的，它通常需要经过加工或改造才能贴合实际，适应现实情况，最终成为优秀的创意成品。

3. 金字塔原理

一般来说，移动商务文案的写作人员在思考文案创意时，常会发散思维进行各种联想。但是在进行发散性联想时，思维总是散乱而缺乏逻辑性的，这时就需要对创意进行梳理，让文案逻辑清楚、条理明晰。金字塔原理就是能达到这种效果的方法。

金字塔原理是对写作思想的逻辑阐述，它既表达一种纵向的关系，也表达一种横向的关系。其从上往下表达的是一种层次关系，也可以说是论点与论据之间的关系，一个论点由几个论据支撑，论据下还有支持它的多个论据，一步步形成一个金字塔结构，这样的结构有利于文案人员快速明白并找准文案的主题和中心论点。

每一篇移动商务文案都有独特的主题，且每篇文案都是围绕主题展开的，针对这一主题，下设论点，论点下又有论据层层支持，可以使观点有理有据、牢不可破。金字塔原理的结构如图2-10所示。

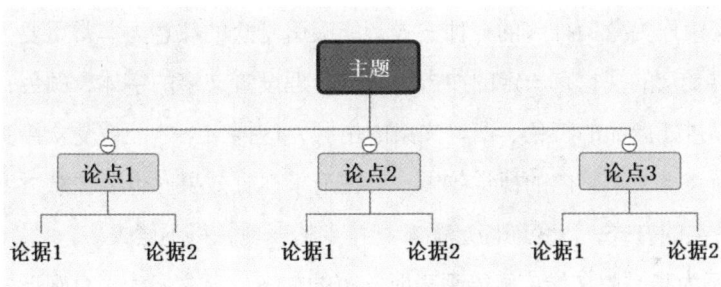

图2-10 金字塔原理结构

金字塔原理的纵向关系是一种回答式或疑问式结构，它能够很好地吸引受众的注意力，使受众有兴趣了解该思维的发展，并能使受众按照其展示的思维进行符合逻辑的思考。横向关系则以演绎推理和归纳推理的方式回答受众的问题，使下一层的表述能够回答上一个结构层次的表述所引起的疑问。这样的逻辑关系能使金字塔的主题思想更容易被受众理解。

一篇文案的主题基本就是该文案最大的卖点，通过金字塔原理结构，梳理出证明该卖点的各个论点，再列出支撑各论点的各论据，结构明朗、清晰。以某旅游景区的推荐文案为例，文案的分论点可以设计为不同的景点风景，并分别以各个景点各自的特色作为论据，所有论点、论据最终都为主题服务。在这样的结构中，要求论点之间的内容不能重复，各论据之间是独立的。

该结构运用在移动商务文案中的表现为：若是短文案，结构就为总分关系；若是长文案，则为总分总关系，即在结尾比短文案多一个对卖点的总结与强调，以增强目标受众的记忆。

金字塔原理与要点延伸法有一定的相似之处，即都需要对某一点进行延伸。但金字塔原理以一个主题为核心，且论点与论据之间的结构关系强。而要点延伸法的延伸则可以更加发散，且可以无限延伸以寻找更好、更适宜的卖点。

📝 高手有话

> 在使用金字塔原理时，可采用自上而下的思考方式，也可采用自下而上的思考方式，但要记住该方法的原则是结论先行。

2.2 优化移动商务文案的创意设计

由于移动商务文案主要通过移动互联网传播，因此其创意设计应符合移动互联网特性，满足受众的审美需求。通常而言，文案人员可以结合以下几个方面来优化文案创意。

2.2.1 重视视觉效果

移动商务文案作为营销推广的一种方式，能吸引受众的注意力非常重要，文案相当于产品的外衣，要对受众的视觉有一定的冲击力。应合理设置文字的字体、颜色，文字、图片的大小比例等，以衬托产品的特色、凸显文案的主题，这样文案才能被受众接受并记住，所以文案人员还应当注重文案整体的视觉效果。但在追求视觉效果时也要注意适度，尽量不要采取特别夸张或另类的方式，以免忽略产品本身特点的表现，得不偿失。

图2-11所示为某品牌在推广智能手表时发布的文案，该文案为了直观形象地展示智能手表的曲面屏，将其置于沙漠、湖泊、冰川水流当中，借助自然景色来衬托卖点，视觉上非常美观、震撼。

图2-11　产品推广文案

高手有话

> 移动商务文案的竞争同样也是视觉的竞争，如果视觉营销运用得当，也会成为文案的一个制胜点。

2.2.2 突出传播性

文案传播的实现离不开一个词——社交（Social），也可以说是互动。现在的文案主要以社会化的媒介作为传播渠道，文案的传播链条也由"发送信息—接收信息"的单向传播变成了"接收信息—交流互动—分享传播"的双向或多向传播。这种传播方式深刻体现了互联网信息时代"去中心化"的特点，即人们在接收信息时，依靠的不再是大型媒体，也不只是聆听而没有话语权，而是每个人都能发表意见，成为信息的发送者。这样的环境很容易引发信息的再次传播，所以文案只有具有易传播的特点才能在移动互联网大环境下占据竞争优势。

通常而言，有趣的、号召受众参与的文案更容易引起受众的阅读兴趣和好感，文案也更容易被传播出去。要做到这一点，一方面，文案人员可以发布相关号召，提升受众的关注度和参与的积极性；另一方面，文案人员可以主动追逐热点，或与其他品牌合作，联动营销，这样更容易形成话题，促进文案的传播。

例如，某品牌在2021年年底时发布的一系列有关"2022祝你下一站翻身"主题活动的文案就非常容易引起受众传播，如图2-12所示。

图2-12 某品牌活动文案

2021年12月29日，某品牌在微博宣布发起"2022祝你下一站翻身"主题活动，其邀请了各行各业的创作者以"希望"为主题，写下新年的第一首诗，并将在深圳地铁5号线翻身站举办新年诗歌展，邀请网友去实地参观，在诗歌中寻找新年是什么、可以如何描述新年的答案。次日，品牌再次发布微博文案揭示所选的诗人与诗歌，并与网友互动，为活动造势。次日晚，"2022祝你下一站翻身"话题冲上微博热搜，其话题阅读次数近5000万，引起了网友的广泛热议与传播，还推动了不少网友去地铁站拍照打卡，大大地提升了品牌的知名度和影响力，提升了广大受众对品牌的好感度。

2.2.3　强调受众体验

文案是服务受众的，所以文案人员在优化文案创意时，应该具备受众思维，从受众的角度思考，如考虑什么样的描述才能打动他们，促成他们的阅读、传播或购买行为。或者注重产品能为他们带来哪些优质的体验，能对他们的生活带来哪方面的改善，站在受众的角度去介绍产品，强调受众的体验。

例如，在露营搜索量增长时，小红书从露营中占比高的年轻人和亲子游出发，发布了海报文案"露营是成年人的过家家"，如图2-13所示。该文案通过展现成年人露营时的心理活动和浪漫惬意的美好享受，表达了露营的良好体验，引起了受众对露营的向往，吸引了更多受众共同参与。

图2-13　"露营是成年人的过家家"海报文案

2.3　同步实训

2.3.1　使用九宫格思考法构思婚纱摄影文案创意

【实训背景】

七夕节，即每年农历的七月初七，是我国民间的传统节日。俪影婚纱摄影工作室打算七夕节在社交平台中发布宣传文案，体现工作室的优秀拍摄技术，吸引更多的人在七夕节来店拍摄。作为该公司的文案人员，小初将完成本次文案的构思，由于九宫格思考法有助于促进思维的发散，因此小初打算利用该方法来确定文案的创意思路。

【实训要求】

（1）运用九宫格思考法得出多个创意点。

（2）确定一个创意点来构思创意。

【实训步骤】

根据实训要求，本实训可以分为以下步骤。

（1）**填写九宫格。**

准备一张白纸，并在其中画一个正方形，再将正方形划分为九个大小相等的格子，在中央的格子中写上文案主题，在其他空白的格子中填写提炼好的创意点，如图2-14所示。

友情	爱情	亲情
民国风	婚纱摄影	品牌发展
上一订单作品	优秀作品集	婚纱古今对比

图2-14　填写九宫格

（2）**修改整理九宫格。**

小初觉得之前的创意点不够具体，因此打算针对各创意点进行优化和提炼，并删减其中一些不合适的创意点。例如，友情提炼为好友的结婚约定，爱情优化为一对情侣的求婚故事，亲情延伸至父母和子女的家庭版婚纱照，民国风拓宽为新中式摄影作品展示，婚纱古今对比优化为不同年代的结婚照等。图2-15所示为修改后的九宫格。

好友的结婚约定	求婚故事	家庭版婚纱照
新中式摄影作品展示	婚纱摄影	品牌发展大事记
不同风格作品展示	50个优秀作品展示	不同年代的结婚照

图2-15　修改后的九宫格

（3）大致确定文案创意。

近年来，新中式风格受到了广大受众的认可，因此小初打算展示工作室优秀的新中式风格的摄影作品，凸显工作室杰出的拍摄水平。

2.3.2　优化婚纱摄影文案创意

【实训背景】

东方美学一直受到许多品牌的青睐，即以我国传统文化为基础去创造市场潮流作品。这些作品中常包含一些传统文化元素，如国画、书法、刺绣等。这种审美广受当代年轻人推崇。查看新中式风格的摄影作品时，小初发现其中运用了不少我国传统文化元素，如折扇、团扇、太师椅、书卷、油纸伞等。于是，她将结合这些元素，优化婚纱摄影文案创意。

【实训要求】

（1）从创新思维来优化文案创意。

（2）从受众体验来优化文案创意。

【实训步骤】

根据实训要求，本实训可以分为以下步骤。

（1）转换切入点。

许多摄影作品是先展示整体效果，再列举其中运用的元素，依次展示多张照片。小初打算换个角度，以传统文化元素切入，先摆出一张集合折扇、团扇、太师椅、书卷、油纸伞等的图，再依次介绍这些传统道具的特点、来源，然后再以不同风格系列为单位进行作品展示，如旗袍系列（道具为书卷、油纸伞等）、古式婚服系列（道具为太师椅、团扇等）、水墨系列（道具为油纸伞、折扇等）等。字体和文案背景可以运用充满古代韵味的元素，如瘦金体、兰草。写作风格参考"执手于初春清晨的苏州小巷，踏着青雾，我愿与你同行，陪你终身浪漫下去"等。

（2）融入受众体验。

为了提升受众的参与度，使文案更符合受众的审美需求，可以为文案添加一些小设计。例如，在展示作品集时，需点击传统道具，才能出现美丽的拍照效果。一个点击的互动动作，在一定程度上可以增强受众揭秘的好奇心，提高其期待值。另外，在文案结尾可以向受众征集新中式摄影参赛作品，并提出获胜者可以获得七夕拍照五折优惠，从而提升受众的体验感和关注度。

2.4　思考与提高

1. 简述发散思维、聚合思维、逆向思维和横向思维的概念。

2. 什么是头脑风暴法和要点延伸法，请对其进行简要说明。

3. 以下为一款洗碗机的特点总结，请根据该洗碗机的特点完成九宫格（见图2-16）。

（1）80 ℃高温煮洗，突破传统70 ℃，能快速有效地溶解油污。

（2）全域360° 喷淋，3层喷淋模式，洁净无死角。

（3）离子循环软水系统，降低水硬度，避免产生水垢。

（4）适应中式餐具的空间，可自由随意摆放。

（5）热风烘干技术，叠加2个时序热风烘干。

（6）除菌率高达99.99%。

（7）轻奢黑钻格调，摒弃过多花样，更显大方美丽。

（8）可以容纳8套餐具，全面满足家庭聚餐要求。

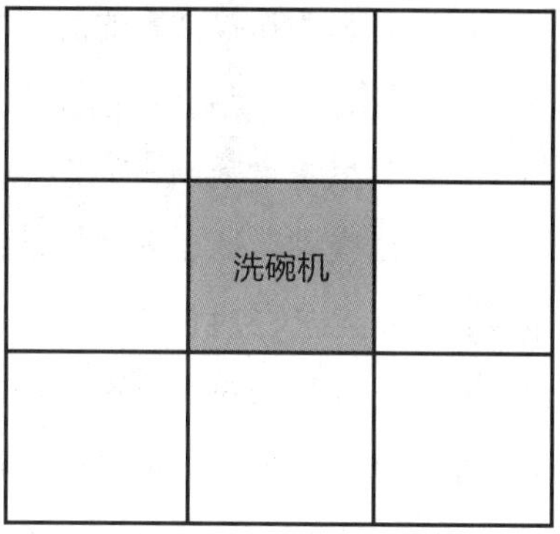

图2-16 洗碗机的九宫格

4. 阅读下面的案例，然后回答问题。

为了进行品牌推广，芝麻信用在"66信用日"发布了关于芝麻信用在2027年的设想广告"信用，让世界简单点"，其文案如图2-17所示。意在向广大受众承诺，芝麻信用在未来会为大众提供更加便捷的生活操作。

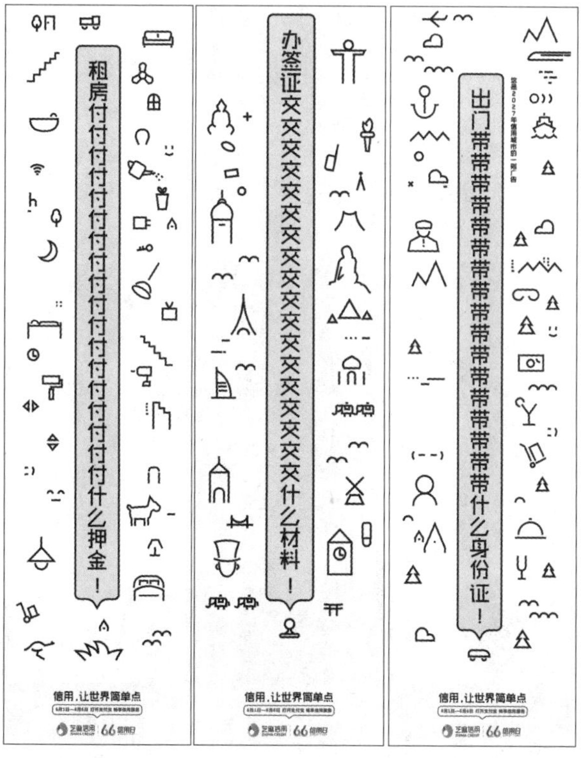

图2-17 "信用，让世界简单点"文案

（1）从优化文案创意的角度讲，其满足了什么？

（2）你认为这篇文案的创意好不好，为什么？

5. 现有一款智能加湿器，其详细资料如下。请使用金字塔原理为其梳理卖点。

加湿器装有智能Wi-Fi模块，可实现手机与加湿器的连接，操控手机即可轻松加湿；拥有多种加湿模式，适合多种场景。用户只需发出语音指令，系统将自动开启加湿，并自动调节室内空气湿度，均匀喷射细腻的水雾，并让空气循环对流。用户可提前预约开机，也可定时关机，无须担心加湿过度。加湿器采用落地式设计，使用高档机身材料，储水盒拥有8L容量，不需频繁加水；运用紫外线杀菌专利技术，可杀死储水盒中99.99%的细菌，当储水盒缺水时，可智能断电。加湿器静音运行，配有温馨夜灯，可营造良好的睡眠环境。

第3章

移动商务文案的写作方法

学习目标

- 了解文案标题中关键词的设置方法。
- 了解文案正文不同结构的写法。
- 学会写作文案标题。
- 学会设计文案开头。
- 学会设计文案结尾。

素养目标

- 提升文案写作的实践能力。

案例导入

近几年，我国某中式雪糕品牌逐渐发展起来，该品牌在产品设计上采用独特的弯形中式瓦片造型，辅以顶部规整的"回"字花纹，意为回归本味，由此找准了品牌的定位，并唤起了广大受众对传统文化元素的回忆与喜爱。

该雪糕品牌自2018年建立以来便取得了不错的销售成绩，究其原因，一定程度上是因其品牌定位、产品设计、文化价值等迎合了年轻一代对产品品质及品牌文化内涵的需求，而这些方面的实现又与其文案密不可分。例如，为了讲述限定上新单品金桂红小豆为何上市晚，同时给产品造势，品牌在微信、微博、抖音等发布了"今年桂花开得晚"视频文案。文案以一个小女孩的视角，用童真的言语讲述了其家乡的桂花，以及桂花盛开时，伴着桂花香打桂的恬静生活，描绘了一幅金黄灿烂的秋日桂花盛景。视频文案具体内容如下。

我的家乡临桂很小　　　　　天气一凉，它就更小了
风一起，桂花就掉下来　　　落在瓦上，扑扑簌簌的
这就是秋天给我的信吧　　　扑扑簌簌，说个不停
瓦才知道，在说什么

「簌」是我刚学的字　　　　桂花掉在瓦上的声音
我也不知道该怎么说　　　　桂花的气味就更不好形容了

我九岁，爷爷是七个九岁那么大
乌黑的瓦檐是八个九岁
而村子里的老桂树，听说是一百多个九岁

今年想吃桂花，只能今年去打
今年打的桂花，也只能留在今年吃
唉，桂树每年都要挨一遍打
还好就打这么几天
这是我记事以来的第四个秋天了
等长大了，不管到哪我都不会孤单
因为我小小的，扑扑簌簌的家乡
就藏在一片扑扑簌簌的有点甜的瓦里

该文案以小女孩的内心独白作为开头引出家乡的桂花，并借助"今年想吃桂花，只能今年去打，今年打的桂花，也只能留在今年吃"表现了桂花的时令限定，突出了品牌对食材的高品质追求。文案中虽然没有提及雪糕，却突出了以手打桂花作为原材料的卖点。另外，由于品牌产品是"回"字形瓦片形状，文案中也多次提到瓦，在文案结尾中更是巧妙借助家乡藏在瓦里的描述暗示家乡的味道就藏在雪糕里。

该文案以一种田园牧歌式的情景塑造，体现了品牌对美好食材的坚持，更诠释了品牌对人文关怀的思考，进一步强化了品牌背后的文化价值，达成了产品、情感、品牌、文化的多维度统一。

在移动互联网时代，移动商务文案是帮助推广产品、助力产品销售、传达品牌理念、树立品牌形象等的重要工具，高质量的移动商务文案更是帮助品牌达成营销目标、实现网络交易的重要手段。本章将立足于标题、正文结构、开头和结尾设计等，详细介绍移动商务文案的写作方法，帮助文案人员学会写出具有一定吸引力的移动商务文案的方法。

3.1 移动商务文案标题的写作方法

在移动互联网时代，受众的手中掌握着信息的浏览主动权，在面临大量的推送信息时，他们通常只会关注瞬间就能抓住眼球的信息，这也意味着标题的作用越发显著。文案标题越有吸引力，文案被受众查看、浏览的概率才会越高。因此，写作移动商务文案时，标题的写作非常关键。

3.1.1 标题的写作要求

标题是文案的"敲门砖"，受众往往会根据标题传递的信息决定是否点击阅读，通常来说，文案的标题应满足以下要求。

1. 吸引注意力

无论是哪种形式的移动商务文案，受众看到标题的第一眼就会在心里迅速分析这与自己有无关联、它提供了什么信息、带来了哪些好处。好的标题要凭借第一印象来吸引受众的注意力，正如邮购文案高手约翰·卡普斯所说的那样：最出色的标题，能够关照受众的自身利益并提供新信息。因此，文案人员在考虑标题的吸引力时，可从以下方面入手。

- **给受众提供好处**。给受众提供好处体现在标题可以提示文案能够带给受众某种好处或能帮助受众解决某些问题，如"帮助孩子击败蛀牙""【17会员日】免费请你吃'虾'啦"，这些标题所对应的文案提供给受众的好处一目了然。

- **提供优惠（主要是产品价格等的优惠）**。受众都希望能买到性价比高的优惠产品，因此，关键性的字眼"免费""优惠""划算"等可以有效吸引受众的注意力，如

"'6•18'期间全店服装享超低折扣，最低3.8折！"

- **提供新消息**。新消息总能引起受众的好奇心与注意，如某推广水蜜桃的文案标题"新水果上架！升级版水蜜桃，更甜、更嫩、更清透"，某玩具展的文案标题"4款盲盒新上榜！全国商场玩具第一季度热销榜发布"等，都能吸引不少产品粉丝与潜在目标受众。所以，标题可灵活运用与"新"有关的字眼，用新消息吸引受众的关注。

2. 筛选受众

在写作文案标题时，要时刻注意文案受众，针对受众来设置标题。例如，以"为什么我要买一把智能吉他？"为标题的文案和以"提升日语输出能力，得有这5个条件"为标题的文案，其面对的受众是不同的，前者主要针对对学习吉他感兴趣的受众，后者则面向日语爱好者。

面对不同的标题，感兴趣的人自然会选择点开阅读，这些阅读的受众就是文案推广产品的潜在目标受众。以此可见，标题不仅能帮助受众节约时间，还能帮助品牌方筛选出文案适用的受众。

3. 传达有用信息

有些受众只喜欢看标题，或没有时间阅读正文，这时，若标题涵盖了正文内容，传达了有用信息，就能达到快速吸引受众关注的目的。例如，标题为"硬笔瘦金体干货，零基础也能快速入门！"的文案，一看标题，受众就知道该文案会提供一些有关瘦金体的基础知识，这对受众而言就是有用的信息，能让受众快速识别文案要讲述的内容。如果标题语焉不详、主题不明，则可能使受众丧失了解的兴趣。

4. 勾起受众的阅读兴趣

好的标题要能够勾起受众的阅读兴趣，引导受众点击并阅读文案正文。要勾起受众的阅读兴趣，文案人员可以利用在标题中运用幽默的语言或设置提问等方式，也可以在标题中设置悬念。

例如，某书店的微信公众号文案标题"在这里，打造属于你的'空中楼阁'"，巧妙地利用"空中楼阁"营造了一种神秘感，勾起受众的好奇心，并与书籍所代表的纯粹精神世界相契合，起到了很好的推广效果，使文案点击量和回复数大大增加。

3.1.2 标题中的关键词设置

一篇文案是否能够被搜索引擎搜索到，且被受众点击浏览，很大程度上取决于文案中包含的关键词。关键词是表达文案主题内容的重要桥梁，正确、合理地添加关键词能提高文案的曝光率和转载率。对于移动商务文案来说，写作人员在标题中添加关键词时，一定要学会选取和设置关键词。

高手有话

在移动商务文案标题中添加合适的关键词，有利于提高标题被用户搜索到的概率，增加产品或品牌的流量和业务成交率。

1. 关键词的种类

对搜索引擎而言，关键词就是受众在搜索输入框中输入的，能够最大限度地概括受众所要查找信息内容的一个或几个词语。关键词的内容十分丰富，如产品名、网站、服务、品牌或人名等，可以是中文、英文、数字或字母的组合，也可以是一个字、一个词组或一个短语。在移动商务文案中，常见的关键词包括以下类型。

（1）泛关键词

泛关键词是指经常被大量搜索的词语，通常代表一个行业或一个事物，如房地产、服装、保健品、家具、手机、汽车等。这些关键词都具有较广泛的含义，是受众使用较多、搜索量较大的词语。这也意味着搜索泛关键词后，产品很容易淹没在搜索结果中，因此通常泛关键词需要与其他关键词搭配使用，或将其细化，使其更精准定位受众。查找或细化泛关键词，可以借助电商平台的产品分类功能，如女士斜挎包，在淘宝的产品分类中就属于"箱包"，将其细化，就可以是"女士包袋"。

（2）核心关键词

核心关键词是指经过关键词分析，可以描述文案核心内容的主打关键词，也是品牌产品和服务的目标受众能在第一时间反映、搜索的关键词。核心关键词是文案的中心，文案标题内容通常都是由核心关键词衍生出来的。核心关键词多为体现文案主题的简单词语，如"连衣裙/法式连衣裙""口红""隐形眼镜""都江堰旅游"等。

（3）相关关键词

相关关键词又叫"辅助关键词"或"扩展关键词"，是指有一定热度，与核心关键词比较接近或相关的关键词，主要用来对目标关键词进行相应的解释或补充。例如，关键词为"连衣裙"，那么相关关键词就可以是"连衣裙长款""连衣裙大码""连衣裙碎花""连衣裙梨形身材""连衣裙春秋"等。相关关键词可以有效地突出文案的主题，增加文案的流量。

（4）错别关键词

错别关键词指与所搜索关键词同音或字形相似的词。在搜索关键词时，如果不小心输入错别关键词，这时搜索引擎会帮助受众按照错别关键词列出相应的正确关键词，如"唐心"与"糖心"。这类词通常适用于电商环境中，用于电商产品标题文案的写作，不适宜用于其他文案的写作，以免被认为是错别字。

（5）长尾关键词

长尾关键词指非目标关键词，但与目标关键词相关且能带来搜索流量的关键词，是对相关关键词的扩展，是一种关键词组合的统称。长尾关键词一般较长，往往由2～3个词语，甚至短语组成，是在目标关键词基础上进一步细分或扩展出来的关键词，具有词量大、搜索量小、转化率高的特点。例如，目标关键词是"牛仔裤"，那长尾关键词可以是"牛仔裤怎么搭配""好穿的牛仔裤""如何选购牛仔裤""牛仔裤清洗保养"等。一个文案标题中如果存在长尾关键词，将为其带来非常大的总流量。因此，长尾关键词的设置十分重要。

长尾关键词可以是各种关键词或词语的组合。例如，品牌+相关关键词，"花西子唇膏测评"等；产品特性+核心关键词+表疑问的后缀，"保湿面霜怎么选"等；或者与地域（如广州）、盈利模式（如零售、批发）、应用场景（如办公室、户外）、时间（如6月、"双十一"）等相关的词组合，从而形成与文案中产品或品牌相关性更高的关键词。这样组合而成的长尾关键词具有特定指向性，与文案所要推广的产品联系更加紧密。

高手有话

现在的文案标题多是对长尾关键词编辑加工形成的，因此寻找并组合长尾关键词非常重要。

2. 关键词的扩展方法

通常而言，关键词不能只有一两个，文案人员还需要扩展关键词，找出更多相关的、有热度的关键词。一般来说，关键词的挖掘或扩展可采用以下工具或方法。

（1）搜索下拉框

在搜索引擎或其他可供搜索的网页的搜索文本框中输入关键词后，其搜索下拉框中会根据受众输入的关键词提示一些长尾关键词。这些长尾关键词在很大程度上可以让受众直接搜索，具有一定的访问量和转化效果，可作为文案人员扩展关键词的参考。图3-1所示为在百度中搜索"油画教程"后出现的长尾关键词。

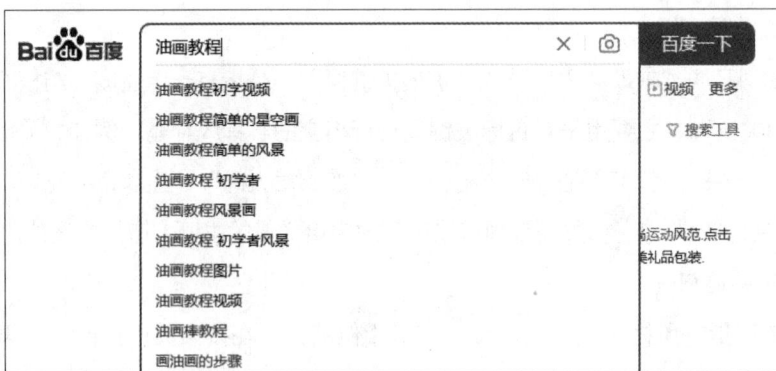

图3-1 搜索下拉框扩展的关键词

（2）搜索结果页中的衍生关键词

在百度、搜狗等主要搜索引擎中搜索关键词后，在搜索结果页面下方会出现"相关搜索"，其显示的是与搜索的关键词相关的搜索词语。这些词语是受众搜索较多的词语，结合这些词语可以很好地组织关键词。图3-2所示为在百度搜索"油画教程"后从搜索结果页下方获取的一些衍生关键词，这些也可以作为关键词的备选。

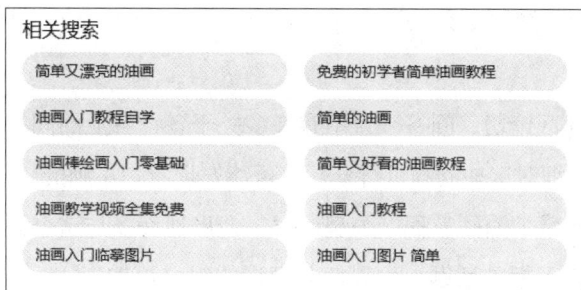

图3-2　搜索结果页中的衍生关键词

（3）关键词扩展工具

爱站、5118、站长工具、百度指数等都是可供文案人员查询和挖掘关键词的有用工具。以5118为例，进入其首页后，在页面顶部选择"流量词库"选项卡，可根据需求选择挖掘不同关键词，如图3-3所示。

图3-3　可选择的关键词挖掘内容

选择"关键词挖掘"选项，在打开的页面中选择"挖移动端流量词"选项，并在搜索文本框中搜索"油画教程"，可在搜索结果中查看移动端与油画教程相关的关键词，如图3-4所示。其中排序越靠前，价值越高，流量也越大。

图3-4　"油画教程"的移动端流量词

此外，该网站还支持挖相关词、查询长尾词、关键词综合查询等，查看关键词的各种指数趋势、竞价数据、需求图谱、相关热词等，数据广泛多样，可供文案人员在具体分析后根据需求情况组合关键词，增加文案标题的流量。

（4）社区问答平台

在各种综合型的社区论坛、问答平台中有许多关于各行各业的问答，这其中不乏大量真实有效的受众问答，仔细对这些问题进行分析有可能发现意想不到的长尾关键词。

例如，在知乎中搜索"油画教程"关键词时，会出现许多与这个关键词相关的问题，而针对该关键词，还有许多相关话题，可以使关键词的组合更加丰富。图3-5所示为在知乎搜索"油画教程"后的部分搜索结果。

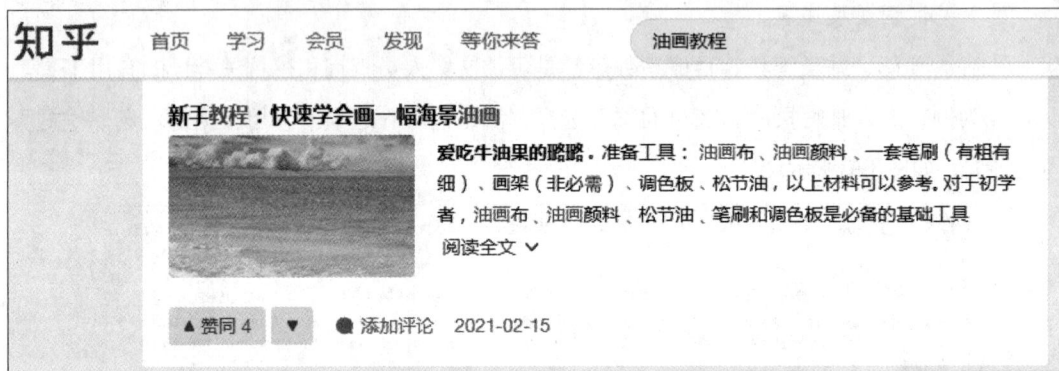

图3-5　在知乎搜索"油画教程"后的部分搜索结果

（5）竞争对手分析

为扩展或筛选到更好的关键词，文案人员可以查看同类型竞争对手的文案，将对方文案中的长尾关键词记录下来，进行去重、筛选等操作后保存到自己的关键词库中，再进行重新组合与分析，使其变为自己的关键词。搜索竞争对手文案的方法包括以下两种。

在搜索引擎中搜索与自身产品相关的关键词，查看那些排名靠前的网页或文案都使用了哪些关键词，然后将其记录下来并进行对比分析。

通过目录网站查询与所推产品相关的公司信息，分析这些公司的目录描述及描述中所使用的关键词。

3. 设置关键词的注意事项

关键词是文案的灵魂，一旦选错，很可能会导致文案无人问津。那么，要怎么才能设置出更能体现受众需求并提高曝光率的关键词呢？设置关键词时要注意以下要点。

（1）关键词要体现文案主体内容

关键词的设置是为了吸引受众关注，并进一步阅读文案主体内容。因此关键词的设置不能脱离文案主体内容，不能在吸引受众关注后让受众发现文案主体内容与其期望的内容不相关。如果文案标题使用了与文案主体内容不相关的关键词，受众会感到被欺骗，给受众留下不好的印象，文案发布平台还可能会认为该文案有欺骗受众的嫌疑，从而对相关账号进行惩罚。

（2）从受众的角度考虑

关键词一定要是受众会搜索的词语或短语，这是设置关键词时一定要有的认知。所以文案人员要站在受众的角度去考虑问题，了解受众的需求，这样才能提炼出符合受众搜索习惯的关键词。不同需求的受众，搜索的关键词也不一样。因此，在设定一篇文案真正的关键词时，要统计和分析受众在寻找同类产品时所搜索过的那些关键词，最后选取符合大部分受众搜索习惯的关键词。选取关键词时可借助百度指数、站长工具、百度知道、百度首页的搜索下拉框等工具进行分析。

（3）体现商业价值

设置关键词的主要目的是让受众搜索到文案人员发布的文案，促进交易的产生，达到获利的目的。因此，关键词的设置要有一定的商业价值。例如，某品牌将文案标题的关键词设置为"电扇工作原理"就毫无意义，受众搜索这类关键词可能只是为了研究产品的工作原理，可能只是出于好奇或学习需要，而不是要购买这款产品。如果将关键词修改为"哪种电扇好用"或"电扇价格"，受众搜索它们的前提则是想购买产品，这样带来的受众就有购买需求，至于是否能够完成交易，还要综合考虑各方面的因素。

高手有话

> 在写作移动商务文案时，除了标题中必须有关键词外，第一自然段、结尾也应尽量有关键词，这对搜索引擎抓取文案会起到很大的促进作用。当然，在不影响阅读的情况下，还可以在文案正文中积极植入关键词。

3.1.3　标题的写作方法

优秀的标题通常有一些共性和写作模式，且在各个应用平台都可以使用。综合移动端的热门文案来看，文案人员可以选择一些常见的写法，结合一些标题优化技巧，使标题更具有吸引力，从而提升文案的传播和营销效果。

1. 常见的标题写法

标题的写法多样，且各有特点，掌握标题的不同写法可以让文案人员写作标题时更游刃有余，打造出更能吸引受众注意的标题，提升文案点击率。

（1）直言式标题

直言式标题就是直接点明文案主旨的标题。这种标题开门见山，让受众一看标题就知道该文案的主题是什么，了解自己会获得哪些利益或服务。

@成都人，速领红旗超市100元代金券！

【百里挑一】15件热门新中式服饰大测评！

我们5岁啦！准备了满箱眼影和你庆生！

最后8天！1块钱买天台山门票！安排！

（2）提问式标题

提问式标题旨在用提问的方式引起受众的注意，引导受众思考问题并产生想要读完全文一探究竟的欲望。提问可以是反问、设问，也可以是疑问。但值得注意的是，在设置问题时，应从受众关心的点出发，这样才能引起他们的阅读兴趣。

蔬菜榨成汁，会更健康还是不健康？

要不要给娃做早教？终极答案来了

跑步，会让腿变粗吗？

（3）标语式标题

标语式标题简短有力，主要由广告的标语或品牌名称构成。标语式标题大都将产品与其知名度很高的品牌或系列名称挂钩，有助于产品的销售。

共创美的前程，共度美的人生

竹叶青：青绿之间的术与道

（4）推新式标题

推新式标题重在体现新消息，较为直白地给受众传递新的产品信息。推新式标题可以宣传新产品的问世、旧产品的改良、旧产品的新应用等。

叮咚，你有一个新玩偶待查收

「动物」眼影全新设计？来瞧瞧有多好看

金山设计系统2.0升级，感受流畅新体验

（5）新闻式标题

新闻式标题比较正式、严肃且具有权威性，主要以报道事实为主，是对近期发生的有意义的事实的一种表述。新闻式标题可以用来告知受众最近的某些事实变化，如企业发展重大事件、企业希望受众了解的新消息等。

2022年凯度BrandZ™全球品牌百强：海尔四度蝉联物联网生态品牌

支持北京中小企业：华为云推出"登云计划"中小企业版，每家最高100万元上云补贴

农业银行推出"5·21"新市民综合金融服务方案

（6）命令式标题

命令式标题有祈使句的意味，通常是直接告诉受众怎么做，会让受众感觉到这件事的重要性和必要性。

关注！一整套的十二生肖系列来了

收藏这个书单，暑假再也不会书荒了

夏天到了，衣服应该这样穿

喜欢拼积木必须买这个系列

（7）证明式标题

证明式标题就是以见证人的身份阐释产品或品牌的好处，增强受众的信任感，既可是自证，也可是他证。证明式标题常使用口述的形式来传递信息，语言自然通俗。

亲证，16款热门雪糕避雷测评，值得回购的只有这几款

包真的能治百病吗？这些博主以亲身经验告诉你

150只猫、9年实验证明：这几种猫更容易长胖

（8）警告式标题

警告式标题主要通过严肃、警示的语气来说明内容，以起到提醒、警告的作用。这类标题需要抓住受众的担忧心理，尤其是对有相同症状或有某种担忧的受众来说，可以给予他们强烈的心理暗示，引起他们的危机感，从而产生点击标题展开阅读的欲望。

一个让牙齿变黄的习惯，你可能每天都在做

爱玩手机的人，都难逃这种眼睛问题（不是近视）

这种食物不要空腹吃！

夏天不午睡的人，你会后悔的！

高手有话

警告式标题可以有一定夸张成分，但不能夸大其词、扭曲事实，不能故意危言耸听，切忌欺骗和误导受众。

（9）悬念式标题

悬念式标题主要是通过标题设置悬念，给受众以想象的空间，由此激发受众的求知欲，

引导其点开文案查看结果。

> 和父母居家60天，我发现了他们的小秘密……
>
> 当一个刚刚求职成功的年轻人遭公司毁约……
>
> 洗澡时忍不住想干的一件事，不信你没做过！
>
> 90% 中国人都缺乏这种维生素，原因是……

（10）颂扬式标题

颂扬式标题是指用正面、积极的态度，对产品或服务的特征、功能进行适度、合理的称赞，以突出产品或服务的优点。

> 这个夏天，谁能抗拒这双穿起来轻盈又舒适的运动鞋
>
> 豆瓣评分9.0！不愧是马尔克斯的文学偶像

高手有话

标题要避免佶屈聱牙或太专业化，应注重通俗易懂，尽量将复杂的表述简单化，使用与受众联系紧密的、受众熟悉的表述。例如，相比"全气候电池革命性突破锂电池在低温下性能的局限"，"我们发明了'不怕冷'的锂电池"的标题更有趣、更容易被受众理解和接受。

2. 标题的写作技巧

除了掌握标题的不同写法外，文案人员还应熟悉一些有利于提升标题吸引力和点击率的技巧，将其融入标题写作中。

（1）善用符号

符号主要指"！""|""？""【】""/"等标点符号和"√"等特殊符号，这些符号往往带有一定的标志性意义或感情色彩。在标题中灵活使用这些符号，可以丰富标题的表现形式，提升标题的表现力。

图3-6所示的标题中就使用了符号，其中"|"符号用于标题内容中，可以划分标题的不同主题，区分文案类型；"【】"的使用则凸显了该街拍账号的内容定位，有利于打造账号特色栏目。

图3-6　运用符号的标题

高手有话

> 还有一种小技巧，称作"符号化"，即将文案搭建在人们熟悉的地标、事物上，如某餐饮店的推广文案标题设为"生意火爆的火锅店，距离宽窄巷子300米"。如果将"宽窄巷子"改为"长顺上街"，就不如原标题有吸引力。因为受众一般会对自己熟悉的地方有潜意识的深入了解欲望，宽窄巷子作为地标性建筑，已经成为一种文化符号，比长顺上街更让人熟悉，吸引受众注意力的效果也更好。

（2）巧用数字

确切的数字信息往往比较引人注目，同时给人一种理性思考的感觉。标题中融入数字可以增强标题的条理性和可信度，提升文案表现效果。特别是在给出某种数据或结论，如总结性的数量和销量、折扣、时间、排名等数据时，使用数字比文字更容易表达出震撼的效果。

如某电影推广文案标题"久等了，一天破3亿元，好评如潮"就通过"一"和"3"，突出了电影票房的火爆，有效提升了电影的吸引力。

此外，"靠卖盲盒一年收入16亿元，这样的潮玩市场还能火多久？""6个终身受用的思维方法，你不可不知""鞋子有342个洞为什么还能防水？"等也是运用了数字的标题，其中的数字将描述对象具体化，更容易引起受众思考与联想。

（3）类比

所谓类比，就是由两个对象的某些相同或相似的性质，推断它们在其他性质上也有可能相同或相似的一种推理形式。它是一种主观的、不充分的似真推理。类比运用得当，不仅可以让受众对文案产生熟悉感和阅读兴趣，还能引起受众的情感共鸣。

例如，某床品的推广文案标题"这款羽绒被，让你像把云朵盖在身上"，就是将被子类比为受众熟悉的云朵，凸显被子的轻盈感。又如某豆腐品牌"慈母心，豆腐心"的推广文案，将用心做豆腐和慈母心进行类比，既体现品牌理念，又搭建了与受众之间的情感联结。

（4）对比

有对比，才有突出。对比指通过两种产品之间的差异来引起受众关注的手法。对比是文案标题的常用技法，它能增强标题的表现力，引起受众的阅读欲望。

早上运动和晚上运动，哪个效果好？

果汁和水果，哪种更健康？

（5）讲故事

文案的标题就是文案故事的浓缩版，文案的标题体现故事情节的转折，可以很好地勾起受众的好奇心和阅读欲望。另外，部分文案人员也常用故事性标题，暗示一个引人入胜的故事即将开始。

> 一个不识五线谱的人，却弹得一手好钢琴
>
> 短视频营销助力她月入5万元
>
> 建一所房子，把日子过成诗
>
> 当一个年轻人选择回到乡村

（6）借助热点

人们对热门事件有种本能的追逐心态，借助热点是写作移动商务文案标题时的常用技巧。文案人员可借助热门节目、人物、事件、歌曲的热度，达到吸引受众阅读的目的。

> 冬奥的这些运动项目，你了解多少？
>
> 传统文化表演这个领域，河南卫视晚会真的赢太多
>
> 新东方双语直播火热，卖得最好的是这些书

借助热点，还可以通过热点事物与文案主体建立联系，形成一种自然而然、合二为一的观感。图3-7所示为某旅游集团推出的川西旅游跟团套餐的文案标题，该标题借助国庆节热点，将国庆旅游与川西进行自然的融合，不仅可以吸引有国庆旅游意愿的受众阅读文章，了解川西旅游路线，促进销售，而且能在浏览过标题的受众心中形成旅游可以去川西的印象，助

一键收藏！5条国庆小众川西游线路合集

图3-7　川西旅游跟团套餐文案标题

力推广。但文案人员在写作标题时一定要注意端正态度，不能一味追求热点，成为"标题党"。

（7）组合网络流行语

网络流行语是指在一定的时间、范围内被网民在互联网上或者现实生活中广泛使用的词、词组等语言表达单位，大多由某些社会热点话题或热门事件形成。在网络中，每年都会有一些网友热议的话题，由此衍生出了一些网络流行语，如"废话文学""干饭人""真香""打工人""凡尔赛文学""后浪"等。将网络流行语融入标题，可以增强标题的趣味性和潮流感。但需注意，选择网络流行语时要紧跟热点，用当前流行的词，同时要了解该词背后的含义，将其置于正确的语境下，避免误用、乱用。

> 都是成年人了，还玩这种玩具？又是一波"真香"警告！
>
> "干饭人"该有的灵魂配菜！吃过一次就让人念念不忘！
>
> "00后"女生绒花视频引500万人围观，网友：这才是真正的后浪！

高手有话

> 要想写出吸引力十足的标题，文案人员需要勤加练习，特别是文案新手，缺乏经验的积累，更应该专心磨炼。另外，文案标题的写作是有技巧的，文案人员可按上文所讲的方法，从不同写作角度入手，尽量多写一些标题，然后从中挑出好的、符合要求的标题。大部分文案人员只要经常练习，掌握这些技巧，就能写出吸引人的好标题。

3.2 移动商务文案的正文结构

掌握移动商务文案标题的写作后，文案人员就可以构思文案的正文结构了。结构是一篇文案的框架，结构不同，具体的写法也有所区别。常见的正文结构有6种。

3.2.1 直接式

直接式就是直接叙述，不拐弯抹角，不故弄玄虚，直接展示产品特点或能给受众带来的好处，或者直接针对文案主题展开叙述。图3-8所示为某微信公众号的新书推广文案，其正文内容就是采用的直接式结构。

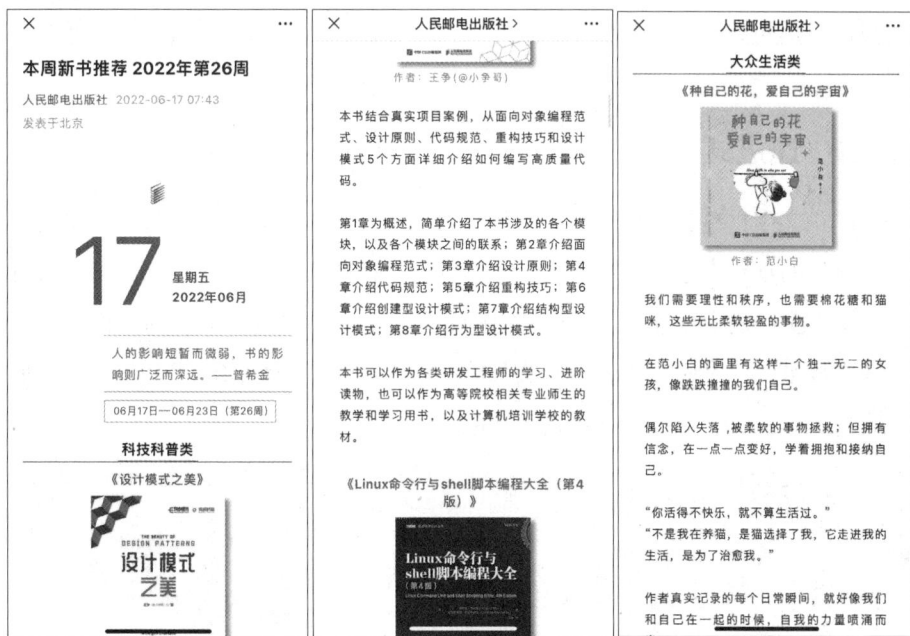

图3-8　直接式结构

采用直接式结构要注意，文案要直接进入正题、不重复啰唆，要告诉受众他们不知道的信息，而不是重复他们知道的，否则会消磨掉受众的耐心。文案第一段要尽量简短，正文更要简单易懂，慎玩文字技巧，以免增加阅读障碍。

3.2.2 并列式

并列式即材料与材料间的关系是并行的，前一段材料与后一段材料位置互换，并不会影响文案主题的表现。并列式结构的文案就是"特点1+特点2+特点3……"，分不同段落写不同特点。这种并列式的正文结构可以把产品的特点清晰、准确地表达出来。

产品文案多采用并列式结构分别列出产品的参数、属性、特点等。图3-9所示为某手持小风扇的产品详情页文案，其使用的就是并列式结构，从长续航、Type-C接口和具备灯光提示的贴心设计及双色可选等，分点介绍了产品卖点。

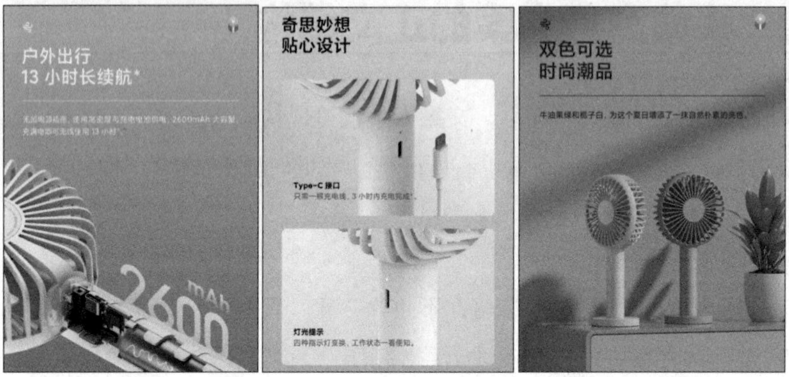

图3-9 并列式结构

这种写作结构明确列出了产品亮点，简洁清晰，能有效避免文案出现结构混乱、层次不清的现象。

3.2.3 递进式

递进式即正文中材料与材料间的关系是层层推进、纵深发展的，后面材料的表述只有建立在前一个材料的基础上才能显示出意义。递进式结构的文案有几种不同写法，如由现象递进到本质、由事实递进到规律等。提出"是什么"后，展开"为什么"的分析，最后讲"怎么样"。通常故事体、对话体的表述方法采用的就是递进式的结构形式。如下面一则推广某品牌香水的文案，就是用对话体来层层递进的。

> 妹妹："今天有个面试，我马上出门了！"
>
> 姐姐："等等，你还缺个这个！"
>
> 妹妹："我就说缺了点啥，这款香水真好闻，这是××新出的香水？"
>
> 姐姐："没错，'××'，让每一位为梦想追逐的人，尽情闪耀！"

这类递进式结构文案，其中心都在文案后半段，前面的内容都是为后面的文案做铺垫的。例如，"来到平行宇宙后，我开启一场逃生之旅"的条漫式文案，就设计了一个递进式结构的故事。图3-10所示为其文案节选。

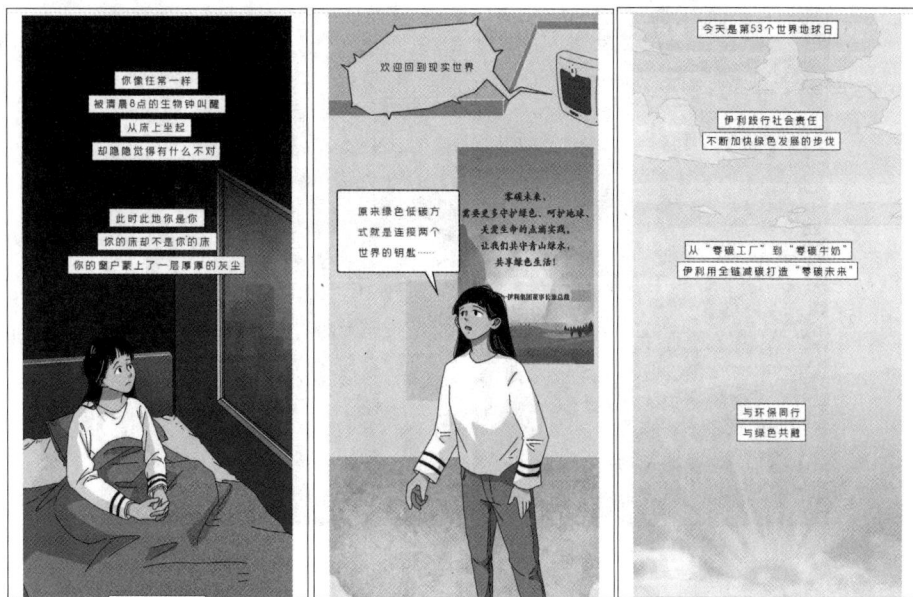

图3-10 递进式结构

文案开始，主人公一觉醒来发现自己身处平行世界，其是一个满目疮痍的城市，接着，主人公发现了逃生指南，于是开始选择携带的物资，故事由此一步步发展。在主人公选择了出行方式，并净化水源、处理伤口等后，最终用发现的牛奶物资打开了一个工厂大门，这时主人公恍然发现原来绿色低碳方式就是连接两个世界的钥匙，至此文案的主题得到了升华，很好地传达了伊利所倡导的低碳环保、打造"零碳未来"的理念。该文案通过富有悬念的故事和层层递进的叙述，传达了正向的环保理念，有助于树立良好的品牌形象。

3.2.4 对比式

在移动商务文案中，常使用对比的方法将不同事物的相似方面进行比较，或者将同一事物的前后发展情况进行比较，突出该事物的特点和作用。

图3-11所示为某品牌发布的洗碗机推广短视频文案"与时俱'净'"片段，该短片聚焦对比了两个不同时代的受众对新兴事物的相同质疑，即以前的人对洗衣机"洗得干净吗""浪费钱/水""一直都是手洗的"的观念，以及现在人对洗碗机"这能有手洗得干净吗""很浪费水吧"的质疑，给受众强烈的代入感。文案在介绍洗碗机强洗、高温除菌、释放更多厨房空间、提供整体式厨房设计方案定制服务等卖点的同时，通过洗衣机和洗碗机这两种不同产品相似的受众场景和需求对比，让受众不由反思自己是否也应与时俱进，有助于倡导大众改变对新生活方式的认知。

除了不同事物的对比外，还可以将同一事物前后的不同阶段进行对比。例如，推荐舞蹈课程时，其文案可以根据主人公练舞蹈前不自信、体态也不好，而在坚持学习舞蹈后，变得身形挺拔、自信开朗，收获了很多朋友的前后对比来设计。

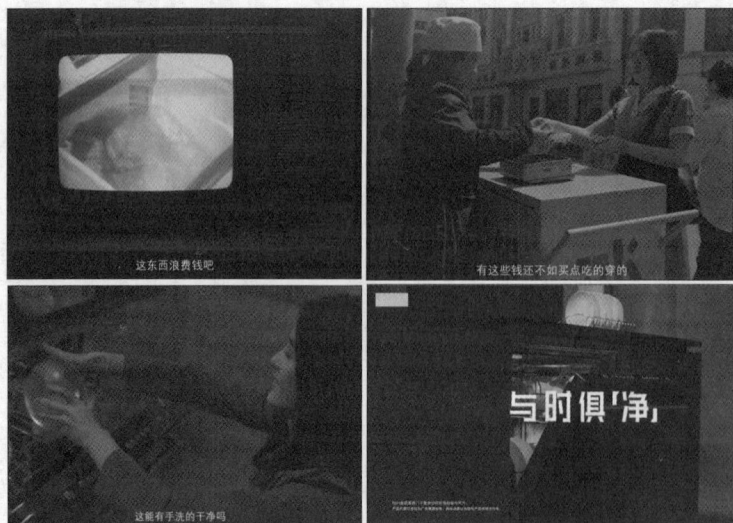

图3-11　对比式结构

3.2.5　总分式

总分式结构是移动商务文案中比较常见的一种布局方式。其中，"总"是指文案的总起或总结，起点明主题的作用；"分"是指分层叙述，即将中心论点分为几个横向展开的论点，并一一论证，逐层深入。

例如，微博文案"收纳技巧|杜绝杂、乱、脏"就是典型的总分结构，第一段从常见的收纳困扰引出文案的主题"收纳技巧"，接下来分别从分类整理物品、选出怦然心动的它（包括选择最想要的、果断处理不需要的等）、合理收纳（从衣柜、厨房、卫生间、玄关鞋柜等不同角度考虑）和用过的东西及时放回原位4个方面进行介绍，脉络清晰。图3-12所示为该微博文案节选。

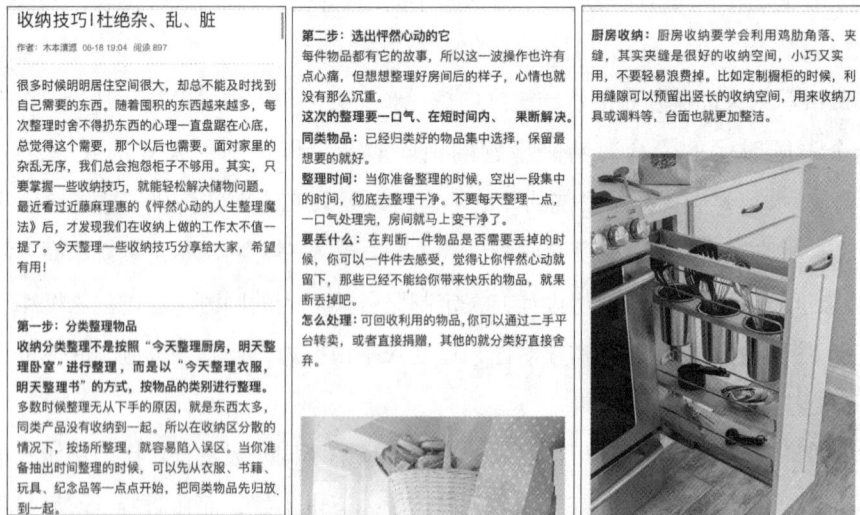

图3-12　总分式结构

3.2.6　三段式

三段式结构是新闻学中的"倒三角"写法的延伸，比较适合长文案的写作。三段式结构，顾名思义，就是把文案内容分为三段：第一段是开头，通过简要的内容吸引受众阅读，常见方法包括设置悬念、建立信任、提出主旨、做出总结、一句话提炼要点等；第二段则是对内容进行一步步阐述，重点在于描述事件的由头；第三段是提出针对事件的观点或进行行动呼唤，拔高事件的意义，升华主题。

📋 高手有话

> 需注意，三段式结构的"段"并不是指文案由"3个自然段"组成，而是将全文分为"3个部分"的意思。

例如，中国旅游集团于五四青年节发布的"青春旅程　中旅全程"视频文案。视频由多个小短片组成，每个短片开头以提问"青年应该是多少岁？"引入，一句话提炼"在中旅，青春是……"的主旨，然后一步步讲述中旅人在中旅的青春，最后提出中旅的青春态度。

图3-13所示为"'青春旅程　中旅全程'系列片——青年文明号篇"视频文案片段截图。第一部分表明主旨，提出其对青春的定义是"在中旅，青春是从生命发光的那一刻开始的。"，第二部分则是青年文明号人的"青春"展现，如"3年，100封感谢信，22场全国推介活动，志愿服务3800余人次。青春，燃起不被定义的火焰……"；第三部分升华主题，"在中旅，青春的态度，从一起奋进的那一刻开始……"将当代的青年精神与中旅人的青春紧密结合，展现了中旅人在挑战中成长，不断奋进的精神，传递了品牌新活力。

图3-13　三段式结构

3.3　移动商务文案开头和结尾的写作方法

"凤头""豹尾"是古人对好的文章的开头和结尾的比喻，即开头和结尾都要精彩。移动商务文案的写作也是这样，在标题和正文结构之外，文案的开头和结尾也要足够精彩。

3.3.1　移动商务文案开头的写作方法

当受众被标题吸引进来却发现开头平平无奇时，就会产生一种受到欺骗的感觉，从而退出当前页面。那么，怎样才能写出一个精彩的开头，从而留住受众呢？文案人员可以采取下面的写作方法。

1. 开门见山

所谓开门见山就是直截了当，直奔主题，不拖泥带水，直接说明文案主题。若是产品文案，则其开头应直接表述产品的好处，介绍如何解决某种问题等。这种写作方法常以标题为立足点进行直接的阐释，避免受众产生落差和跳脱感。若标题为疑问句，开头则可以直接回答标题的问题。例如，标题为"包包合集 | 5只好质感新包分享"的文案，其开头应开门见山地推广某品牌包包，如图3-14所示。

2. 以新闻热点引入

热点的运用不仅适用于标题，在文案开头使用也不失为一个吸引受众注意力的好办法。例如，在推荐服装时，从近期的热门穿搭话题或影视作品入手；在推荐图书时，从最近的社会现象或事件入手等。通常，这样的文案，阅读量都很高，也很受受众欢迎。一般来说，从微博热搜获取热点信息是比较快的，文案人员也可考虑从今日头条、百度搜索

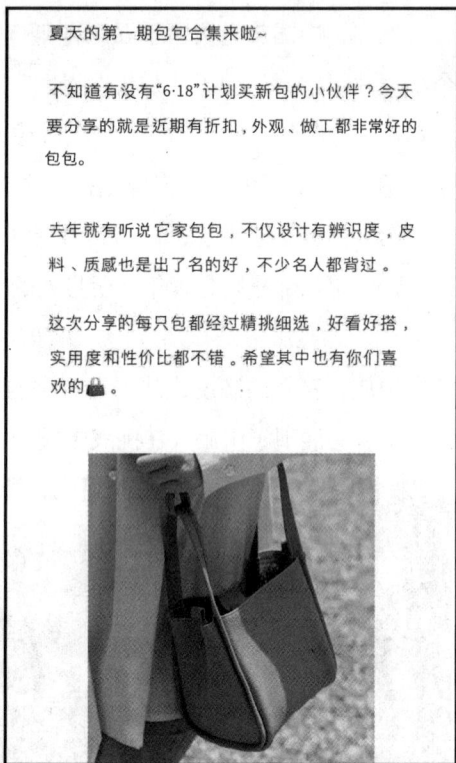

夏天的第一期包包合集来啦~

不知道有没有"6·18"计划买新包的小伙伴？今天要分享的就是近期有折扣，外观、做工都非常好的包包。

去年就有听说它家包包，不仅设计有辨识度，皮料、质感也是出了名的好，不少名人都背过。

这次分享的每只包包都经过精挑细选，好看好搭，实用度和性价比都不错。希望其中也有你们喜欢的 👜 。

图3-14　开门见山开头

风云榜、天涯社区、搜狗热搜榜、360热榜、豆瓣、知乎等获取热点信息。

图3-15所示的文案开头以新东方双语直播"带货"的热门话题为引，推广其直播间销售的高销量书籍。

3. 灵活引用

引用名人名言、谚语、诗词或者某个行业的调查数据、分析报告、趋势研究等资料，引领文案的内容，将其与文案主题相融合，可以凸显文案的主旨及情感。这种写作方法既能吸

引受众，又能提高文案的可读性。

许多文案就常用名言名句开头，运用得当不仅能紧扣主题，还会提升文案的吸引力。图3-16所示为某出版社丛书的文案开头，其以著名作家卡尔维诺说过的话为开头，提出人们应该阅读有一定重量的语言的书，即有深度的好书，由此自然引出要推广的书籍。

图3-15　以新闻热点引入开头

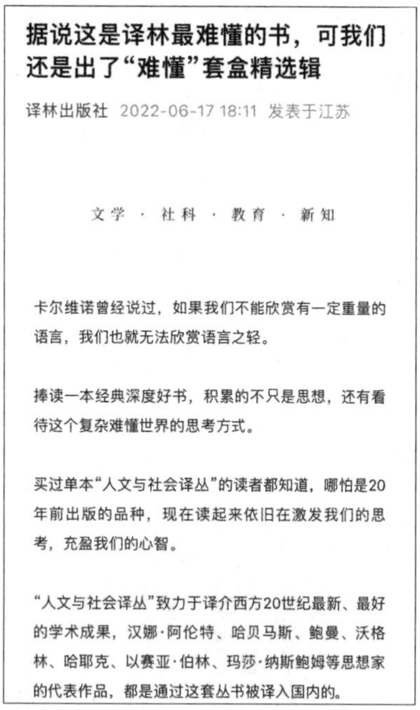

图3-16　引用名人名言开头

4. 以故事或情景导入

文案开头设计故事或情景有助于塑造文案的故事性，提升文案的画面感。故事可以是富有哲理或教育意义的寓言故事，或者其他有助于表现主旨的传说故事、真实故事或虚拟故事，重点在于引出文案主旨。情景也可以是虚拟、想象或编造的，重点是塑造某种剧情氛围。例如，某推广文案的开头塑造了一位青年计算机工程师阅读书籍的情景，其文案内容如下。

许多年前，一位青年计算机工程师翻开一本几经转手、破旧不堪的小说。

书中有一个宏大瑰丽的宇宙世界，有神奇美丽的星球，有智勇双全的英雄，这些都令人热血沸腾。

那位黑发的智者，总是端着一杯冒出袅袅热气的红茶，在方寸间运筹帷幄。

那位高傲的金发少年，曾说出一句影响无数人的话："我们的征途是星辰大海。"

书中充满想象力的奇幻宇宙世界，给这个上班族的科幻梦狠狠添了一把火。也许在一瞬间，他意识到自己要做的，远非当一个普通的工程师。

这样的情景富有故事性，能让受众对这位工程师的未来发展感到好奇，并激发受众继续阅读的欲望。

5. 内心剖白

内心剖白即把内心的真实想法表露出来。在移动互联网时代，人与人之间的交流是隔着网络的有距离的交流，揭示内心想法的文字有时候能拉近人与人之间的距离。内心剖白式的文案开头，可以写成对白，或者以第一人称或第三人称描述人物的意识或潜意识，展示其内心活动，如对往事的回忆、对外部世界的印象、对自我或他人或他物的看法或某种情境下的情绪感受等。

一般来说，人物内心剖白会给受众一种正在亲身经历此种感受或故事的感觉，比较亲切。内心剖白被认为是内心活动的真实反映，不掺杂虚伪和矫情，所以容易给受众以情真意切、直诉肺腑的印象，引起受众的共鸣与信任。

以下为绘画教学课程推广文案的开头，其以学员的内心剖白讲述了其对绘画的热爱，拉近了与同样喜欢绘画的受众的距离，同时也为下文表现绘画课程的显著效果做了铺垫。

> 小的时候，我就很喜欢看爷爷画画。看着爷爷在桌上铺好纸和颜料盘，娴熟地画各种花、鸟、鱼、虫，我就十分羡慕，心想有一天我也要像爷爷一样把各种事物画得惟妙惟肖。后来上了小学，老师布置了画画作业，我总是想让老师表扬我，因此经常画到晚上10点，就连小伙伴喊我出去玩我也不理会。
>
> 高中有更多的时间接触网络后，我就跟着网上的一些绘画教程学习工笔画，但是我还是觉得我画得不够好……

📇 高手有话

对于内心剖白型的文案开头，需要注意以下3点：一是在人物方面，可一人独白，也可二人相互补充情节；二是在情节方面，要叙述出相对完整的心路历程；三是在氛围方面，语调要娓娓动人、亲切感人。

6. 设置悬念

设置悬念，即在文案开头设置一个令人好奇又不能马上知道结果的情景，故布疑阵，以引起受众的好奇与关注，激发其一探究竟的欲望。

以下的文案开头就是通过提供一系列的头衔制造噱头、设置悬念的，让受众对描述对象感到好奇，之后揭示描述的对象就是茶叶——太平猴魁。这样的开头能使受众感到好奇，引起受众注意。

> 唐代茶学家陆羽所在的时代，好茶就开始藏匿于丛林秘境。
>
> 在所有春茶里，独独有一种，生在无人仙境，百年来久负盛名——

清朝就成为朝廷贡品，嘉庆帝为之痴迷；

1915年，它与茅台同时获得"国际巴拿马万国博览会金奖"；

20世纪80年代，它被作为盛礼送给当时的美国总统尼克松；

2004年，更是在国际茶博会上获得"绿茶茶王"称号。

"黄山归来不看岳，猴魁之后不识茶"，说的便是它，太平猴魁。

高手有话

　　设置悬念的方法有很多，如在开头写出结局，让受众带着疑问阅读；制造人物间的猜疑或误会；故意省略一些故事内容等。很多文学作品都用到了设置悬念的手法，文案人员可以多阅读，从中学习设置悬念的技巧。

7. 直接下结论

　　直接下结论的写法就是文案开头观点先行，再在正文中推出论据，证明开头的结论或观点。这种开头的特点是文案中心清晰、观点鲜明，易于受众理解。

　　例如，某品牌阅读器的推广文案"读书的人，有梦可做"，开头就直接下了结论"承认吧 读书不是件容易的事"，然后再阐述了支撑该观点的论据，使文案结构严密，更具说服力。其文案部分内容如下。

承认吧

读书不是件容易的事

它需要专注

现实却有那么多诱惑

它需要思考

偏偏很多人无暇思考

……

8. 运用修辞手法

　　修辞手法有很多，包括排比、比喻、夸张、比拟、反问、设问等。修辞手法的运用，可以让文案开头更加生动。例如，百雀羚庆祝新年的文案"年味来袭！你的新年礼盒请查收"的开头，就使用了对仗的修辞手法，提高了文案的趣味性。其文案开头如下。

烟花爆竹迎新岁，红妆红礼贺新春。

不同的文案有不同的开头设计，文案人员可灵活运用以上的开头写作方法，写出充满吸引力的移动商务文案开头。

3.3.2 移动商务文案结尾的写作方法

好的文案会让受众在阅读后做出企业或品牌所期待的反应，如转发文案、购买文案中推荐的产品或成为企业或品牌的忠实粉丝等。而一个好的结尾则有助于提高文案的转化率和增强营销效果。文案人员可参考以下几种方法写作结尾，使结尾产生积极的导向作用。

1. 自然而然式

自然而然式结尾是指根据文案的描述自然而然地结束，即文末不去设计含义深刻的哲理语句，也不刻意引导或号召受众行动，而是在内容表达完毕之后，写出想要对受众说的话，并自然而然地结束全文。自然而然式结尾的文案能让受众感受到文案所要表达的意图，让受众自行做出判断。

例如，某篇推广儿童自然科普书籍的文案，结尾自然地阐述了书的价值（即本书具备让人认识世界、热爱世界的特点），不做购买的号召，既给受众留下自主判断是否购买的余地，又彰显了该书值得购买。

> 人类如同收集癖般，不断拓展自身认识的努力，留下认识世界的方法、路径和框架。
>
> 因为仔细了解同为地球居民的生物，从而免于恐惧、祛除蒙昧，甚至深深理解关怀其他生物的温暖。
>
> 还有因为以上所有，对身外的世界产生浓浓的好奇，愿意敬畏它、热爱它、与它真诚相处、避免它受到伤害的冲动。
>
> 这些，起码是与记住知识同等重要的部分，也是这套书让人认识世界、热爱世界的一个原因。

2. 点题式

点题式结尾就是在文末总结全文，点明中心。有的文案在开头和中间只对有关问题进行阐述和分析，叙述到结尾时，才将意图摆到明面上来。

例如，某口腔诊所的推广文案，其以新闻报道的形式介绍了国际消费者权益日（每年的3月15日）曝光的不正规义齿制作方式、国家规定的义齿制作规范，以及广大网友对义齿的担忧和看法。受众在阅读文案时大多会以为这只是一篇观点类文章，然而结尾却不经意地推广了某品牌的义齿，并呼吁大家关注义齿健康。这种结尾的写作方式，就是点题式。

3. 互动式

互动式结尾的常见写法是在文案结尾设置话题（一般是提问的方式），吸引受众参与，引发他们的思考及参与欲望。在微博、微信、抖音等注重评论的平台上发布的文案中就常设置话题，当然，设置的最好是受众可能感兴趣的话题。图3-17所示的文案结尾就是典型的互动式结尾。

4. "金句"式

"金句"通常指名言警句，或其他有哲理、有价值、有意义、有诗意的句子。用"金句"结尾可以帮助受众更深入地领悟文案思想，引发受众共鸣，提升他们对文案的认同感。另外，名言警句一般都富含哲理，借助这些语言的警醒和启发作用，还能提高文案的转发率，可谓一举多得。

例如，某影评微信公众号在父亲节发布的文案，结尾就是"金句"式，其通过充满道理的"金句"，呼吁

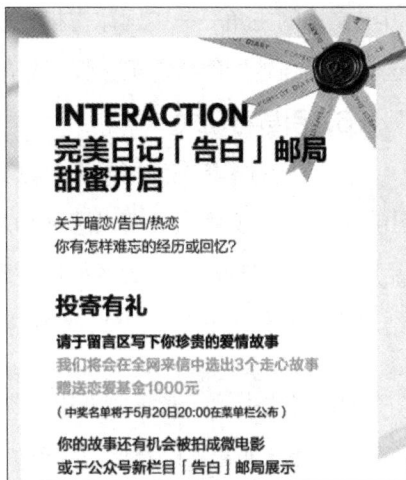

图3-17　互动式结尾

受众珍惜父爱这种无条件的爱，引起受众对亲情的反思与共鸣。文案具体内容如下。

因为，这世上绝大多数的爱，都是需要回应的

不被回应的爱情，不是爱情

没有回应的友情，也不是友情

一个人，一辈子或许只有两次机会接触到这样无条件的爱

一次，是来自你的父母

另一次，是给予你的孩子

前一次，你是接受者

后一次，你是施予者

这是人生中的美好时刻

这也是人生中，罕见的不带功利考量的缘分

请不要错过

5. 转折式

转折式的结尾就是用出其不意的逻辑思维，使展示的内容跟结尾形成一个转折关系，得到出人意料的效果的写作方式。它能将正文塑造的气氛转变得干净利落。这种写作方式常有奇效，能借助这种氛围落差在受众心里引起震撼效果，让受众惊叹于文案人员的思路，从而引起受众的讨论，在其心中留下深刻的记忆。

例如，名为"你你你你为什么要跳舞呢？"的文案，其从小编身边的人在聚会上都是"舞蹈表演艺术家"讲起，介绍跳舞动作演变为艺术的过程，并介绍了常见的舞蹈、自己喜欢的舞蹈和现代流行的舞蹈。本以为这是一篇介绍舞蹈艺术性或者推广舞蹈课程的文案，但文案人员在最后却画风一转，表示自己喜欢的是"冰雪之舞"，并借对"冰雪之美"的讨论

引出文案的主角——中国冰雪指定饮料品牌的冰雪纪念版产品，让不少受众感到出乎意料。这个从舞蹈转折到冰雪纪念版产品的文案的结尾可谓是将转折运用得极佳。

6. 引导行动式

引导行动式指在结尾号召受众做出某种行动，如点击购买、参加活动等。要引导受众做出某种行动，文案人员可以选择动之以情或诱之以利等方式。前者是从感情上打动受众，让品牌或产品富有温度；后者是通过利益和好处引导受众做出行动。例如，下面的两个文案的结尾中，前者属于动之以情，后者属于诱之以利。

> 好闻的香薰，是捂住眼睛也能感受到的小确幸，一呼一吸都是惬意。披着薄毯躺在沙发上，再来点喜欢的音乐，浮躁的心也安定下来，舒服到能睡着，也许这就是嗅觉的力量吧！而且这个香薰也不贵，不妨买回家用它犒劳下自己，清除异味，收获好心情。
>
> 市面上几百上千元的冲牙器要好好考虑一下，这款冲牙器官方价格为139元，今天89元就能买到！别犹豫了，赶快买起来！不瞒大家说，我一开始就囤了5个，送爸妈和朋友，才不到市场一款热门冲牙器的价格，真的值！

3.4 同步实训——为推广破壁机写作移动商务文案

【实训背景】

2020年，我国通过了《中共中央关于制定国民经济和社会发展第十四个五年规划和二〇三五年远景目标的建议》，并提出了"全面推进健康中国建设"的重大任务。随着"健康中国"理念上升为国家战略，人们的健康养生意识也进一步增强，均衡膳食、增强自身营养、强化体质也成为人们关注的重点。

破壁机是现代家庭常见的厨房小家电，其打磨原理相当于将食物细加工，对于老人、宝宝及消化能力较弱的人而言，是促进快速吸收膳食纤维和营养物质的有用工具。"磨石"公司推出了一款多功能破壁机，不仅搅打细腻、功能丰富，而且轻音降噪、容易清洗，满足了市面上大部分受众的需要。新品原价为699元，现在购买只需209元，还送杯刷和电子食谱。为了促进该破壁机的销售，公司安排王佳根据公司提供的产品信息，撰写破壁机的推广文案，后续发布于微信平台上。

【实训要求】

（1）熟练运用关键词、标题的写作方法和技巧写作标题。

（2）确定正文结构。

（3）写作一个吸引人的文案开头。

（4）根据文案正文结构撰写正文内容。

（5）写作文案结尾，引导受众购买产品。

【实训步骤】

根据实训要求，本实训可以分为以下步骤。

（1）设置标题关键词。

该文案的描述主体为破壁机，核心关键词可以设置为"破壁机"，然后再将其进行扩展，添加其他关键词备选。

① 进入淘宝首页，点击首页上方的"分类"按钮，查看破壁机的分类，如图3-18所示。将"破壁机"的泛关键词"电器"及细化后的泛关键词"厨房小电"或"厨房小电器"作为关键词的备选。

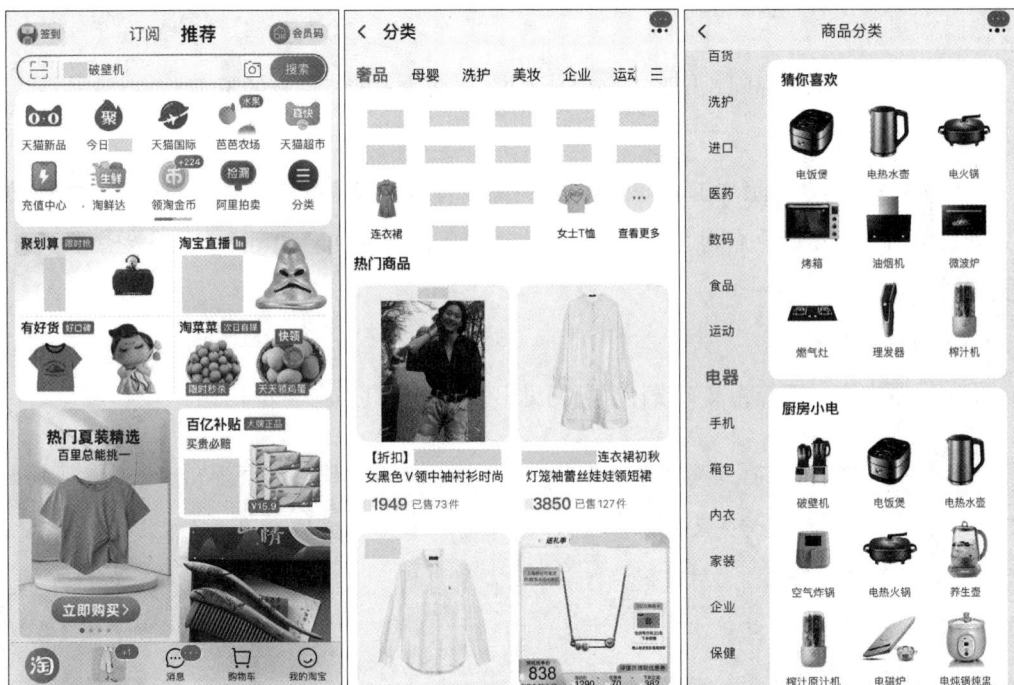

图3-18　在淘宝查看破壁机的分类

② 打开搜狗浏览器，以"破壁机"为关键词搜索，得到图3-19所示的相关搜索结果。

图3-19　搜狗浏览器中破壁机的相关搜索结果

③ 王佳选择将关键词"破壁机"作为核心词；又选择了"家用破壁机""破壁机到底值不值得买""破壁机好用实惠"等作为长尾关键词，因为这些长尾关键词表现出的产品竞争性不大且相对精准。

（2）写作不同类型的标题。

为了写出更有吸引力的标题，王佳打算结合标题的写作技巧，多设计几种类型的标题，并在写作时将关键词融入其中，最后选择最适合的。

> 直言式标题：想自制豆浆，我推荐这款家用破壁机！
>
> 多功能家用破壁机推荐，现在购买仅需209元！
>
> 推新式标题：【新款厨房小电器】多功能轻音破壁机已上架，快来看！
>
> 悬念式标题：因为一台破壁机，竟导致这样的事……
>
> 提问式标题：好用又实惠|这样的破壁机你真的不买？
>
> 破壁机到底值不值得买？马上告诉你！

最终，王佳选择了提问式标题"好用又实惠|这样的破壁机你真的不买？"。

（3）确定正文结构。

王佳决定以三段式的结构写作文案，开头直接表明文案主题，即推广破壁机，以破壁机的好处直接引入，然后分点阐述该产品的卖点，最后以新品优惠和赠品来引导受众购买，呼应文案的主题。

（4）写作文案开头。

根据标题内容，王佳为文案设计了开门见山的开头。具体内容如下。

> 今天我要给大家推荐一款磨石家新出的破壁机。提起破壁机，很多人都会想起那宛如施工现场一般的声音，想买又犹豫，但想想每天一杯营养豆浆的生活，又觉得买破壁机很有必要，毕竟相比榨汁机，用破壁机打出来的豆浆更绵密顺滑，不用过滤。除了豆浆外，使用破壁机还可以制作宝宝辅食，制作杂粮糊糊、各种蔬菜水果饮品等，大大丰富我们的食谱，帮助我们均衡营养，促进吸收。因此，对于家里的老人、小孩，以及追求口感或肠胃不好的朋友，这款破壁机非常实用。

（5）根据文案正文结构撰写正文内容。

王佳打算根据三段式结构，承接开头，分点叙述破壁机的卖点，完成文案正文内容的写作。以下为王佳撰写的正文内容。

> 1. 高速搅打，促进吸收
>
> 这款破壁机采用全铜线电机，矽钢片直径为95mm，叠层厚度为20mm，电机转速高达32 000转/分，动力强劲。同时，其采取的是3层8叶刀头，升级六筋扰流，多段变频均匀搅拌，多维度精细切割，可以使食材的粉碎率更高，质地更细腻，让人体更容易吸收。

2. 多重降噪，轻音破壁

许多破壁机声音大，使用的时候不仅自己觉得不堪其扰，更担心会被邻居投诉，而这款破壁机内嵌杯体结构，轴承运作声音小，隔门使用噪声很小。破壁机搭配其专利静音扇叶（创新离心扇叶）、6mm加厚杯壁和加厚减震垫，可以有效减小叶面与空气的接触面积，防止噪声外泄，去除多余杂音，营造轻音环境。

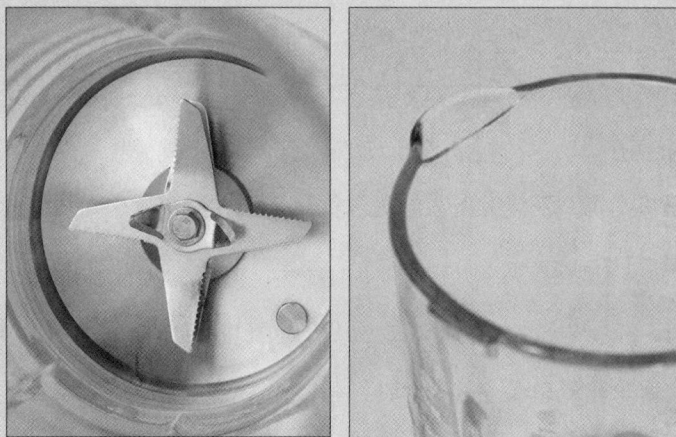

3. 功能多样，轻松满足需求

该破壁机功能多样，集豆浆机、绞肉机、研磨机、辅食机、榨汁机和沙冰机功能于一体，冷热双打，提供五大高频使用模式。同时，破壁机还提供24小时预约功能，可以轻松满足多种使用需求。该破壁机还有一键清洗功能，让你告别清洗烦恼。

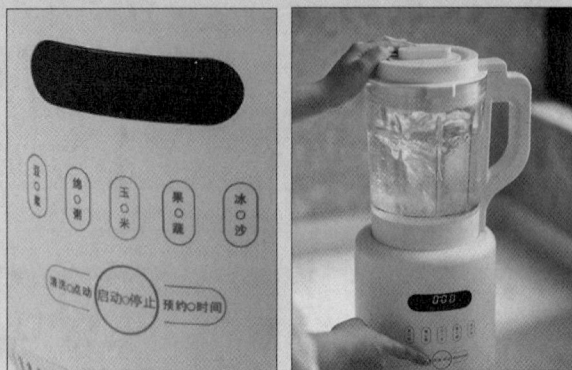

4. 细节多样，匠心设计

破壁机还有镭雕触控面板，轻轻一触即可完成操作；开盖即停、提杯停机、过热断电的设计和防滑把手，可有力保障你的使用安全；采用双层密封圈，密封性强，有效防溢，安全感十足；使用加厚高硼硅玻璃，耐骤冷、骤热，高温熬煮也不释放有害物质；顶部设计了独立可拆的投料盖，加料无须开杯盖，非常方便。另外，该破壁机采用纯白机体，简简典雅，摆在哪里都很好看。

（6）写作文案结尾。

为了促进破壁机销售，王佳准备在结尾以优惠来引导受众行动，强化受众对该产品的认知，文案内容如下。

这样一个功能多、轻松满足日常料理需求的厨房小家电，真的非常实用。破壁机原价为699元，现在上新价只需要209元，还送杯刷和电子食谱，真的非常划算！购买后一年内有质量问题还可以整机换新！赶紧点击下面的链接购买吧！

3.5 思考与提高

1. 常见的关键词有哪些？

2. 请使用关键词的扩展方法，为"猕猴桃"扩展关键词。

3. 本章介绍了标题的常见写作方法，请任选5种，分别举例。

4. 请列举一个"金句"式结尾的文案，并分析"金句"式结尾的作用。

5. 阅读下面的案例，然后回答问题。

在第三届鲁班文化节上，红星美凯龙推出"爱木之心"品牌宣传视频文案，邀请了作家冯唐和音乐人李泉分享他们与木头有关的记忆，畅谈他们对木和生活的热爱。"爱木之心"视频文案内容如下所示。

人不会永远活着，但木头可以

它们被做成桌子，做成凳子，压成纸，制成琴，穿成串，陪你见了许多风景和姑娘

我们对木的爱，就是我们对生活的爱

我们可以轻易分辨出

黑胡桃、金丝楠

其实跟我关系最近的东西，就是用木头做成的

虽然他发出声音是靠那根钢丝，但是那个震荡，那个共鸣

你摸着它的时候，那种温润和质感

任何其他材质，都无法替代

每一种木材，都天赋异禀

有的人听见风，就能写歌

有的人遇场雨，就能写诗

每一种木材都有它的宿命

每个人也都该看清自己的来去

我们在历史中读到的最大的智慧，是顺势而为

顺应自然的法则，也不扭曲自己的内心

所以对于木

我们把坦荡做成面

把曲折做成柄

把光滑的磨出纹理

把多疤的雕成龙凤

万物生长，本一不二

爱木之心，人皆有之

年轻的时候，喜欢透过现象看本质

你慢慢长大，喜欢略过本质看现象

笔尖，在白纸上起舞

手指和琴键的恋爱，都是灵感蹦跳的声音

也是音乐和木的回响

那些美妙细腻的纹理

都是摄人心魄的时光

它们安安静静，它们万马奔腾

音乐和文字，都可以触动人心

而木的魅力在于，它什么都不做，就能钻进你心里

在心里安放一桌一椅，收容所有明媚的欢喜，也抚慰秘而不宣的伤

它们有我们深爱的所有，自然而美好的力量

以爱木之心，赏木器之美

（1）该文案开头采取了怎样的写法，有什么作用？

（2）该文案结尾采取了怎样的写法，有什么作用？

第4章

写作产品文案

学习目标

- 掌握提炼产品卖点的方法。
- 掌握产品标题文案的写作方法。
- 学会写作产品主图文案。
- 学会写作产品详情页文案。

素养目标

- 遵守《中华人民共和国广告法》的相关规定，不使用禁用词、敏感词。
- 多参考、学习其他优秀的产品文案，不断提升文案写作水平。

案例导入

　　章丘铁锅产自素有"铁匠之乡"之称的山东省济南市章丘区，是一种当地传统的手工锻造的锅具。章丘铁锅的制造需经十二道工序，十八遍火候，在一千摄氏度左右的高温锤炼下，经受万次锻打，直到锅如明镜。

　　随着章丘铁锅在某档节目中走红，许多受众开始关注这种符合中餐烹饪需求的古法锅。时至今日，仍有许多受众利用移动电子设备在电商平台购买章丘铁锅。该产品的详情页文案，也成了影响受众购买决策的重要因素。

　　图4-1所示为某旗舰店中某款章丘铁锅的详情页文案部分展示，其以图文结合的方式进行呈现，利用简洁的文案和精美的图片等，向受众介绍了本店产品所获得的荣誉，以及本产品的锻造手法、主要卖点等，能增加受众在页面停留的时间，有效吸引受众购买。

图4-1　产品详情页文案部分展示

　　该章丘铁锅的详情页文案还对产品的各卖点做了详细介绍，并详细说明了产品的真假辨别方法、具体参数、开锅方法、使用注意事项等受众关注的信息，让受众放心购买。

　　除了产品详情页文案外，常见的产品文案还包括产品标题文案、产品主图文案等。产品文案是受众利用移动电子设备购物的必要参考内容，承担着产品展示、产品介绍、产品促销、树立品牌形象、提高产品交易转化率的责任，文案人员需掌握产品文案的具体写作方法。

4.1　提炼产品卖点

　　当人们在实体店挑选产品时，销售员总会详细介绍产品的功能、性质和特点，甚至让人们亲身体验，促使其产生购买动机。而网店则是通过文字、图片等元素，也就是产品文案，将产品的全貌、性能和特点用灵活、富有创造性的方法展现出来，方便受众鉴别、挑选，并以此引起受众的购买兴趣。因此，写作产品文案时，文案人员要掌握产品卖点的提炼方法，一方面，可以参考第3章讲解的九宫格思考法和要点延伸法，另一方面，可以围绕以下3个方面提炼产品卖点。

4.1.1　围绕产品特征提炼

产品特征是产品自身构造所形成的特色，也是支撑整个产品的支柱。围绕产品特征提炼卖点能让受众看到产品的实用价值，让受众产生购买心理。例如，针对广西小台农杧果，根据其产品特征提炼的卖点如下。

> 卖点1：果肉丰厚，果型饱满。
>
> 卖点2：汁水丰盈，软糯无丝。
>
> 卖点3：色泽娇艳，果香十足。

4.1.2　围绕产品利益提炼

产品利益是指产品能带给受众的利益。与利益相关的点是受众非常关心和关注的点，而且，这个点恰恰也是解决受众痛点的关键点。例如，购买水果的受众比较关注水果的营养成分、新鲜度、价格优惠、坏果处理方法等，这些可以作为卖点，展示受众可以获得的利益，具体如下所示。

> 卖点1：全国多仓发货，更快更新鲜。
>
> 卖点2：现在下单，立减5元。
>
> 卖点3：坏果包赔，售后无忧。

4.1.3　围绕产品其他信息提炼

与产品有关的、有价值的信息较多，不同产品具体涉及的内容也有所不同。例如，针对服装、文创产品介绍品牌文化、设计理念等，针对文具介绍精美礼盒包装等，也能提升产品的附加价值和受众的满意度，起到锦上添花的作用。为根据杧果的产地优势、文化价值和当地种植优势等提炼出来的卖点如下。

> 卖点1：产自广西百色，当地杧果种植历史悠久，百色杧果已入选中国农业品牌目录、国家市场监督管理总局地理标志产品。
>
> 卖点2：位于北纬18°，天然水灌溉，土壤含丰富矿物质，适合杧果生长。
>
> 卖点3：果农种植经验丰富，培育的杧果品质出众。

产品卖点的提炼为产品文案的确定奠定了良好的基础，文案人员可据此筛选、总结，制作出该产品的标题文案、主图文案及详情页文案。

📋 高手有话

在提炼卖点时，文案人员也可以使用FAB法则，即属性（Feature）、作用（Advantage）和益处（Benefit）法则。表4-1所示为FAB法则的详细解释，一般F、A、B之间需要一一对应，即一个F对应一个A和B。

表4-1　FAB法则

组成	具体解释（以真皮沙发和某汽车为例）
属性（Feature）	代表产品的特征、特点，主要从产品的材质、制作技术、体积、功能等角度进行挖掘。例如：真皮；2缸的发动机
作用（Advantage）	代表产品的优点及作用，可从产品特色和受众关心的问题展开联想。例如：柔软；百公里加速时间为3.9秒
益处（Benefit）	代表产品能带给受众的利益，需以受众利益为中心，激发其购买欲望。例如：舒适；省时

4.2　写作产品标题文案

产品标题文案可以视作产品文案的"门楣"，是受众决定是否查看产品文案的先决因素。在移动端，产品标题文案一般出现在受众搜索结果页面的产品主图右侧或产品主图下方，通常点击产品链接后，即可查看完整标题，如图4-2所示。

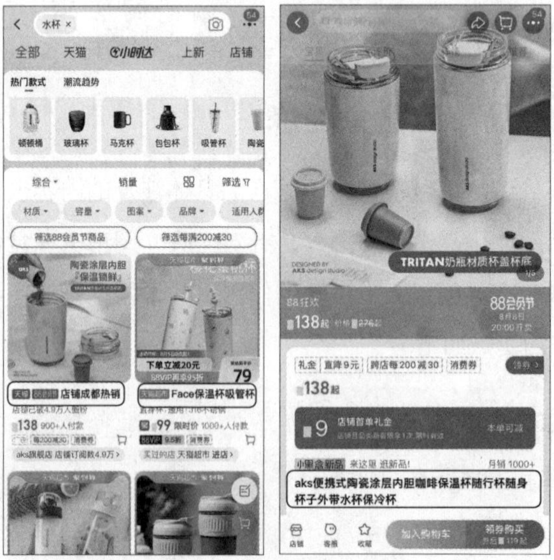

图4-2　产品标题文案

4.2.1　产品标题文案的作用

在移动电商平台，产品标题文案的作用主要可以分为两点，一是用于使产品被受众搜索到，二是激发受众的点击欲望。

- **使产品被受众搜索到**。不管产品详情页文案写得有多好，产品本身有多好，首先产品得被人搜索到才行，产品标题文案承担着让产品被受众搜索到的重任。对于受众来说，其搜索产品的出发点和对产品的了解程度不同，搜索词语也会不同。图4-3所示为"水杯"相关的搜索关键词，其中，"水杯定制""水杯容量大""水杯夏季"等关键词排在高位，说明其搜索频率高。因此，在选取关键词时，文案人员需详细了解并分析受众的搜索关键词，提炼出搜索次数多且有效的关键词添加到标题文案中，让产品能够被受众搜索到。

- **激发受众的点击欲望**。当受众搜索信息后，呈现在他们面前的是一系列符合他们搜索需求的产品，这时，产品标题文案就起着激发他们的点击欲望、让产品能被受众浏览的作用。一般来说，能有效传递产品关键信息的产品标题文案能够吸引受众点击，提高店铺的流量。图4-4所示的标题带有"智能音箱""无线充电音乐台灯""原子唱机蓝牙""家庭影院蓝牙音箱"等产品关键信息，更容易吸引受众点击。

图4-3　"水杯"相关的搜索关键词 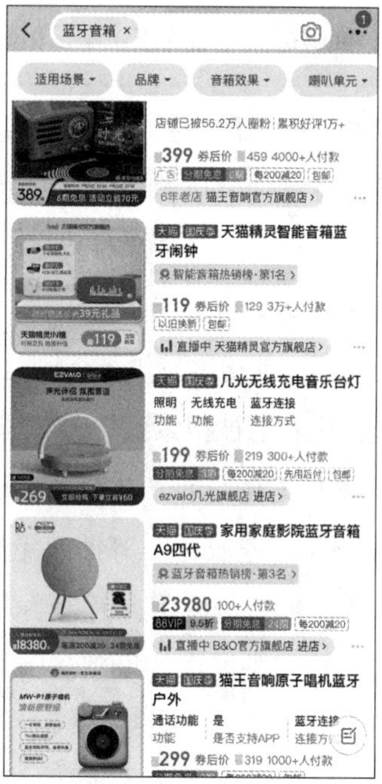　　图4-4　带有产品关键信息的标题

4.2.2　从搜索的角度写作产品标题文案

在移动电商平台购物时，受众的搜索结果与产品标题文案息息相关。产品是否能被受众

搜索到，主要取决于标题关键词与受众搜索关键词的匹配程度和产品标题的规范性，下面分别进行详细讲解。

1. 合理设置标题关键词

设置恰当的标题关键词是确定产品标题文案的先决条件。产品标题文案的拟定要以产品为核心，尤其是要将产品属性设为标题关键词，通过这些关键词来与受众搜索的关键词进行匹配，提高店铺的流量。常见的产品标题文案如下所示。

> 短款T恤女短袖2022夏新款设计感小众修身正肩高腰紧身上衣
>
> 冰丝袜子女夏季硅胶防脱隐形袜纯棉底高跟鞋袜浅口低帮船袜

文案人员在选择标题关键词时，要多使用长尾关键词和与产品属性吻合度高的关键词。如果产品是银镯，就可以使用"可调节足银""开口实心""原创手工古法""经典百搭""纯银素圈"等长尾关键词来描述产品属性。

📠 高手有话

通常情况下，文案人员可以通过搜索引擎或淘宝等平台，收集能够为己所用的关键词，这些关键词一般是描述产品、品牌、附加优惠信息的词语，并且是受众在搜索时常用的词语。恰到好处的关键词，能够提高产品的点击率，但建议在产品上架初期尽量避免使用竞争很大的关键词。

然而，单个关键词的识别度较低，受众在搜索时还是很容易搜索出大量、繁杂的信息，使受众真正想要了解的信息被淹没，所以现在越来越多的受众喜欢用多个关键词查询，这就意味着在设计关键词时，要考虑设置多个关键词的组合。因此，文案人员可以尝试将收集到的关键词与其他各类词组进行折叠组合，合理地对关键词进行优化处理。这种由多个关键词组合而成的关键词，能更准确地捕捉到目标受众，在搜索引擎中也更容易获得好的排名。

为了设置出更容易被搜索到的关键词，文案人员应该掌握以下几种优化关键词的方法。

（1）选取成交量更高的产品的热词进行组合

类似"风衣""连衣裙"等搜索量很高的关键词，每天的搜索量可能都在几十万次以上。这样的词语不能直接使用，而是要先清楚这类关键词中哪些是能够带来转化率的词语，不能一味地进行热门关键词的堆砌。例如，某店铺有一批风衣，在该类目下有以下3个级别的关键词。

第一级别关键词：风衣女、风衣男、风衣外套、风衣加厚、风衣韩版等。

第二级别关键词：中长款、长款、英伦风、学院风、修身显瘦、简约等。

第三级别关键词：外套、印花、双排扣、长袖、秋装、时尚、宽松、大码等。

假设这些关键词都是受众经常搜索的，其中，"中长款""英伦风""修身显瘦""印花""大码"是成交量较高的关键词，那么在组合关键词时，就要在符合产品特点的前提下优先融入这几个关键词，再挑选或直接舍弃其他会带来更大竞争的关键词。"风衣女中长款修身显瘦英伦风外套""风衣女双排扣英伦风外套""风衣男中长款商务""女士宽松休闲韩版风衣""韩版印花风衣中长款修身显瘦"等就比"中长款风衣""加厚风衣外套"等更具有辨识度，也更容易获得靠前的搜索排名。

（2）选择转化率高的关键词

转化率高的关键词是能够直接体现受众需求的词语，也就是说，要选择明显针对受众购买意向的词语进行组合，如搜索"大码显瘦遮肉女装套头卫衣"的受众，其购买的意向及针对性肯定会比"大码女装"要强很多。这是因为当受众以一个非常明确的需求关键词进行搜索并进入某店铺，发现该款产品又正好是他想要的产品时，成交的概率就会更高。

（3）营销词的组合

由于网络信息越来越丰富，受众在浏览页面时往往以一目十行的速度进行阅读，他们一般会重点查看句子前面的内容。因此，带有营销性质的亮点词汇需要尽量放在前面，如通过"新中式""2022新款""××推荐""××同款"等字眼来吸引受众的注意力。当受众将焦点放在页面上时，就说明他对这些信息感兴趣，页面中描述的产品就比其他同类产品拥有了更高的关注度，成交机会也会大大增加。

（4）选择匹配度高的关键词

匹配度是指用于描述产品的词语，要与产品自身的属性和特点相匹配，不能出现产品材质是"纤维"，而组合的关键词却使用的是"全棉"的情况。

描述产品属性和特点的词汇有很多，包括品牌、材质、风格、功能等方面，在选择这些词汇时，一定要避免使用非常冷门的词汇，因为这样的词汇基本上没有什么流量，但也不要选择非常热门的词汇，这样的词汇竞争十分激烈，转化率不高。在此原则的基础上，保证关键词精确匹配到产品即可。例如，以"双排扣加绒大衣"为目标关键词进行搜索，从搜索结果中可以看到，只有标题中匹配了"双排扣"和"加绒"关键词的产品才能被搜索到。

以上几点是优化产品标题关键词时应重点掌握的方法，除了优化关键词的方法外，文案人员还要站在受众的角度来思考标题中应包含哪些关键词。结合受众心理和产品属性，拟定能突出产品卖点的标题，才能获得受众的喜欢。例如，以下两则标题就是从不同的角度拟定的产品标题。

> 桌面风扇USB摇头台式小风扇充电款便携式迷你小型超静音电扇办公室桌上学生宿舍夏天大风力电风扇
>
> 蜂花护发素本草精华润发乳1L男女柔顺滑留香正品烫染修复干枯毛躁

第一则标题是以受众对产品规格、使用场景等的需求为切入点拟定的；第二则标题是以受众对产品的品牌、功效等需求为主要切入点拟定的。

2. 产品标题文案的规范性

设置吸引人的产品标题文案是提高产品点击率的关键。在写作产品标题文案时，文案人员还应当遵守以下规范。

- 标题必须与当前产品的类目属性一致。

- 标题中不允许出现半角符号"<" ">"与表情符号。

- 标题要尽量简单、直接，能突出卖点，要让受众看一眼就能知道产品的特点，知道它是什么产品。

4.2.3 产品标题文案的模板

纵观所有畅销品的产品标题文案不难发现，它们在优化关键词、提炼卖点上都下了不少功夫。从这些标题中可以发现一些写作共性，文案人员应当认识一些常见的产品标题文案模板，掌握产品标题文案写作套路（见图4-5）。

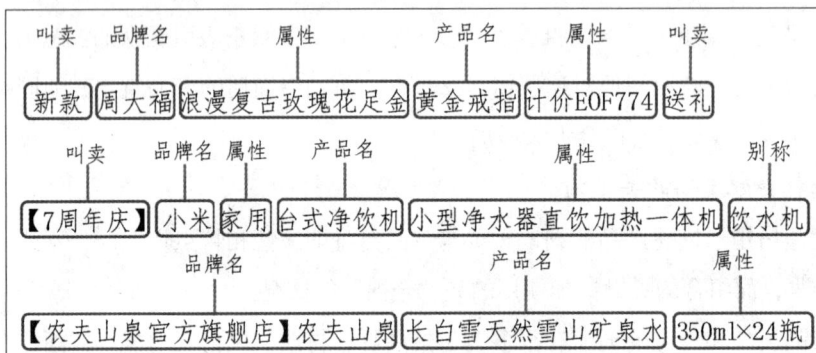

图4-5　标题文案写作套路示例

大多数标题都是由品牌名、产品名、叫卖、属性、别称等部分组成。根据实际情况，可将标题词汇的顺序自由组合、省略，只要能达到让受众明白产品、顺利搜索到产品的目的即可。

- **品牌名**。品牌名对一些有名的店铺来说能起到很好的标识作用，但不推荐新手商家或者创业初期的电商商家将自创品牌名称放入标题。因为新品牌的知名度低，很难达到良好的区别搜索作用，且品牌名会占据标题的字数，减少其他关键词在标题中的展示机会。但若是商家的其他标题关键词足够让受众准确搜索到店铺，且想提升品牌知名度，也可选择在标题中加入品牌名，达到让受众了解品牌的目的。

- **产品名**。产品名是产品标题文案的基本要素，必须包含在标题内，若是没有产品名，可能会出现即便受众看到了标题，也不知道其描述的究竟是什么产品的情况。常见的产品名有毛衣、台灯、水杯、被套等。

- **叫卖**。在产品标题文案中可以多用特价、促销、包邮、热销、新款、节庆等叫卖属性的词语来吸引受众，如"新品半折""七夕礼物""送妈妈""直播间下单赢好礼"等。这和实体店的销售术语一样，旨在勾起受众的购物欲望，吸引其下单购买。

- **属性**。在移动电商平台中购买产品时，受众一般都是在搜索框中输入描述产品属性的词语来查找需要的产品，由此可见，受众非常关注产品的属性特征。例如，一款女装，就可以在标题中添加描述风格、材质和款式细节等属性的词汇。品牌产品的标题中可添加货号；数码产品的标题中则要有描述品牌名称、型号和规格等属性的词汇；食品的标题中则需要有描述产地、规格等属性的词汇。

- **别称**。有时同一个产品可能会有不同的称呼，为了让受众快速找到自己的产品，应该尽可能将别称写在标题中。

根据产品标题文案模板，文案人员可以快速套用，写出大多数产品的标题。随着时代的进步，受众的审美及喜好也在发生变化，现在移动电商平台中的产品名称都更加注重个性化，不少商家还将文艺性的表达加入标题，尤其是女装领域。以下就是典型的个性化的文艺风产品标题文案。

> 茉莉和扶苏原创《凝露浮光》木兰花满幅刺绣斜襟连衣裙
> 边缝「行走的艺术气质」背心连衣裙2022新款女休闲百搭无袖中长裙

高手有话

需要注意的是，不同的移动电商平台，其中的产品的标题长度和写作风格也是有所不同的。例如，淘宝和京东中的产品标题文案都较长，但唯品会中的产品标题文案则较简短。因此，文案人员应根据不同平台的风格撰写产品标题文案。

4.2.4 产品标题文案写作注意事项

前面讲解了产品标题文案的写作方法及热门产品标题文案的写作模板，但文案人员在写作时难免会犯一些错误，接下来就介绍产品标题文案写作中的注意事项，帮助文案人员规避误区，写出更加优秀的产品标题文案。

1. 不要堆砌关键词

淘宝要求在产品发布的产品属性中，所填写的品牌、材质、规格等信息不能出现关键词堆砌的情形。

在标题中堆砌关键词虽然能使发布的产品引人注目，或使受众能更多地搜索到所发布的产品，但在产品标题文案中滥用与本产品无关的字眼，是扰乱淘宝正常运营秩序的行为。例如，"铁观音茶饼浓香型乌龙茶老茶普洱茶包邮"就是典型的堆砌关键词的标题，意图通过堆砌产品名称让受众尽可能地搜索到产品，但一款茶不可能既是铁观音，又是普洱，这样反而会让受众觉得受到欺骗，引起其反感。

还有一些商家会使用无效的关键词堆砌方法，即在一则标题中重复使用同一关键词，这实际上对提升标题的搜索排名毫无帮助。

2. 严禁使用违禁词、敏感词

一些商家为了快速吸引受众注意，会在标题中添加一些敏感词以博眼球，如全网第一、独一无二等。但是电子商务平台都有过滤功能，如果标题中带有敏感词，将会导致整个标题被过滤，不能被受众搜索到。因此，在写作产品标题文案时，要禁用一些政治敏感词汇、假货敏感词汇或有色敏感词汇。

高手有话

《中华人民共和国广告法》规定，严禁使用极限用语、时限用语、疑似医疗用语、迷信用语、化妆品虚假宣传用语、疑似欺骗受众的用语等，文案人员写作时要熟悉具体的敏感词汇，避免触碰"雷区"。

3. 严禁滥用关键词

滥用关键词一般是指商家在产品标题文案中滥用品牌名或与本产品无关的关键词，"蹭"不属于自己关键词的流量。这样即使受众在搜索结果页面中看到了产品，也会因为其不符合自身需求而降低对店铺的印象，还容易被电子商务平台降权处罚，可谓得不偿失。

常见的滥用关键词的6种情况如下。

① 在产品标题文案中使用并非用于介绍本产品的词汇。

② 故意在产品标题文案中使用热推关键词，但该关键词和本产品无直接关联。

③ 在产品标题中使用其他产品制造或生产公司的品牌名，如产品并非奥克斯品牌，却在标题中打上"奥克斯"的字样，或标注"××原单"。

④ 产品标题中出现与其他产品或品牌相比较的情况，如"可媲美××的真皮手袋"。

⑤ 除相应产品的促销内容，如满减、满送等外，在产品标题中恶意添加赠品、奖品的描述。

⑥ 添加未获得的授权、资格或服务，如"淘宝专卖""特约经销商""货到付款"等，暗示店铺与商标权人或生产厂家之间有某种授权关系，或受众能享受某种服务。

4. 不同产品不要使用重复的标题

对于同质产品较多的店铺，容易出现将同一标题应用到类似产品中的情况，使产品标题变得高度相似或完全相同。这种"省力"的方法是万万不可取的，它不仅会淡化受众对店铺的印象，还容易被电子商务平台判定为重复铺货作弊而降权。要想写出好的产品标题文案，应该针对每件产品的特点进行深度挖掘，可以有一定的相同关键词，但应尽量避免高度相似。

5. 不要频繁或大幅度修改标题

标题一旦确定，不要在短时间内频繁或大幅度地修改，因为这样有可能被电子商务平台判定为更换产品而被降权。

6. 不要长时间使用相同的标题

虽说不要频繁或大幅度地修改标题，但也不应该长时间使用相同的标题。当遇到以下情况时，文案人员应该修改标题。

- 在产品从发布到热卖的期间，可以根据产品的成长时期来选择不同的关键词，主要分为新产品发布期、产品成长期和产品热卖期。
- 许多产品有显著的季节性，文案人员可能需要根据季节调整标题。
- 产品标题应配合节日、促销活动等进行适当优化。

7. 严禁滥用符号

产品标题文案的长度有限，商家都会尽可能地全部占满，但这会导致标题紧凑，不易断句，给受众带来较差的阅读体验。使用一些符号"-（短横线）""/（斜线）""·（点号）"来隔开关键词，虽然会让标题阅读起来更加容易，但会导致产品不易被搜索引擎搜索到，这时可选择在需要断句的地方加入空格。

4.3　写作产品主图文案

产品主图也被称为产品推广图，是在搜索结果页面上，随搜索结果出现的图片信息，它位于产品标题左侧或上方，是产品文案的重要组成部分。受众通过标题搜索后会面临很多选择，这时候产品主图文案的吸引力程度就成为受众点击产品的重要评判标准。优秀的产品主图文案往往简明扼要、引人入胜，可以为产品带来流量，提高产品点击率，而差的产品主图文案则无法吸引受众注意。

产品主图文案分为图片类与视频类。现在不少的商家都是图片与视频并重，受众既可以在主图页查看产品图片，又可观看产品视频，如图4-6所示。

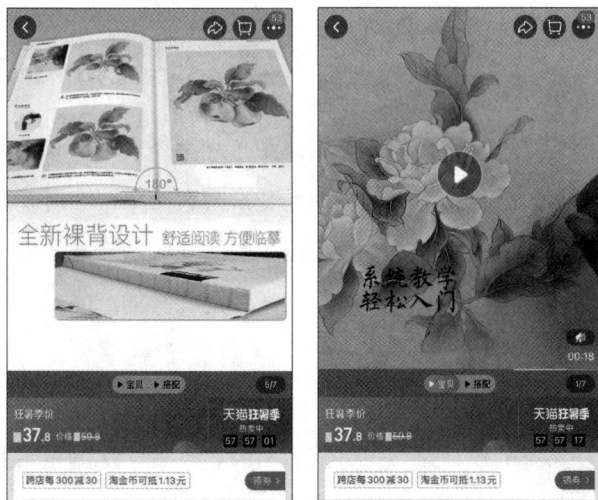

图4-6　查看产品图片与产品视频

4.3.1　主图图片文案写作要点

产品主图文案比产品标题文案更直观、更具有视觉冲击力，尤其是主图图片文案，通常是受众关注的重点。一般来说，文案人员可以选取产品最具优势和竞争力的卖点，将其设置为主图图片文案。

1. 主图图片文案应抓住的产品卖点

主图图片文案内容多为产品卖点的提炼，以达到吸引、点击、传达与记忆的作用。主图图片文案要充分展示产品卖点，引起受众的购买欲，通常可以从产品的这些特点入手。

- **产品优惠**。不少受众都有求廉心态，产品的性价比越高越好。尤其是产品的活动促销、满减赠送之类的优惠活动，如"买二送一""立减5元""上新9折"，在主图图片中将产品优惠信息展示出来能吸引受众的注意。

- **产品全图**。一般产品主图图片文案的第一张图就是产品的全景照，受众可以对产品有个整体的感观。在纯图片文案中，单张纯图片的展示效果更好，更有表现力与冲击力，也可在单张纯图片上附上品牌名。

- **产品功能及属性**。产品主图图片文案有时还能反映产品功能及产品属性，这样受众通过观看主图图片文案，对该产品的功能、属性等也能有所了解。例如，鞋产品在图片中标注"加绒加厚""加绒可选"，数据线产品标注"金铜芯铝合金带灯""快充不伤机""抗弯折"，空调家电产品标注"除湿制冷""二级能效""智能变频"等。

- **产品细节图**。细节图的展示能让受众对产品的品质更加信任，如在水杯产品的主图图片文案中加入"精致杯盖""莲花滤网""加厚底座"等细节描述。

- **操作演示图**。有些产品会在主图图片文案中以小图的方式介绍产品的结构和操作示例。例如，一些灯饰和书桌产品就会在主图中介绍其结构与组装步骤。

- **其他产品信息**。例如：借助名人"××同款"；强调品质"官网正品""原装进口"；展示销量"全网销量超80万件"；物流说明信息"顺丰包邮"；展示质检证书等。

产品不同，展示的卖点也不同，但产品主图图片文案能表现的卖点有限，因此要选择展示最有竞争力的卖点。一般来说，第一张主图是受众搜索结果中会展现的图片，其余图片没有特殊说明，可以根据需要来设置。第一张主图上面的文案是产品的第一卖点，其他主图上面会有第二卖点、第三卖点等。有些主图图片文案特别优秀的产品，受众甚至不需要查看详情页文案就能决定下单购买。

2. 主图图片文案的写作注意事项

为了确保主图图片文案的设计具有足够的吸引力，符合受众的审美要求，写作产品主图图片文案应当注意以下事项。

（1）选用吸引力强的图片

主图图片文案是以图片为载体的产品卖点的表达，整体上呈现的是一张图片的效果。所以，主图图片文案应该保障图片要有吸引力，能呈现产品的整体美观度。主图图片文案中必不可少的就是产品的外观形象，因此选择的产品图片要注意凸显产品外观的优势，如精致、整洁、美观等，图片色彩要明亮、好看。图4-7所示为吸引力强的主图图片文案。

图4-7 吸引力强的主图图片文案

（2）文案内容精简有效

不少文案人员在制作主图图片文案时总想传达出更多的信息，然而展示的信息太多很容易导致受众抓不住产品的重点。所以在设计主图图片文案时，文案人员要记住一个词"一目了然"，即通过这张主图让受众一眼便接收到其应得到的有效信息。图4-8所示的炸烤箱主图图片文案就简单介绍了产品功能、价格和赠品，分区明显，信息少，不显混乱，这也是这类电器产品的主图图片文案常见写法。

（3）避免"自嗨"式无用文案

"自嗨"式无用文案指陷入自我享受境地，虚无缥缈地用词语堆砌，却让受众看不透真实意图的文案。例如，某体重秤的主图图片文案中使用"一小部的一大步"等词语，语焉不详，不能很好地让受众了解产品卖点。

图4-8 电器产品主图图片文案

在该体重秤的主图图片文案中，文案人员可以使用诸如"高灵敏度压力传感器""室温掌控""公斤/市斤切换"等能表现产品特征的语句，直接呈现卖点，易于受众理解。

（4）排版设计舒适

在制作主图图片文案时还应注意文案中文字的字号不能太小，受众在使用手机等移动设备阅读文案时，字号过小会增加受众的用眼压力，甚至削减受众的阅读欲望。另外，文案的颜色不能太跳脱或与背景图颜色相似，以免给受众造成阅读压力。

4.3.2　主图视频文案写作要点

主图视频文案以视频的形式对产品进行展示说明，它将产品外形、功能特点、细节、使用方法等以实物的方式进行最大限度的展现，使产品更加立体和直观，并且不同的产品配合不同风格的主图视频文案还有助于传递产品特色与提升受众好感。

主图视频文案常常将产品置于真实的使用场景中，在此基础上阐释和说明产品卖点，直观地展示产品功能、特色，发挥如详情页文案一般的作用。主图视频文案中的文字说明多以语音旁白和字幕的形式出现。文案人员在撰写主图视频文案时，应重点抓住以下3点。

- **视频需展示产品的真实使用场景**。例如，矿泉水的主图视频文案，可以将矿泉水放在厨房环境中；扫地机器人则在居家环境中；运动手环则根据功能，处于运动、支付、公交扫码等不同环境中（见图4-9）。

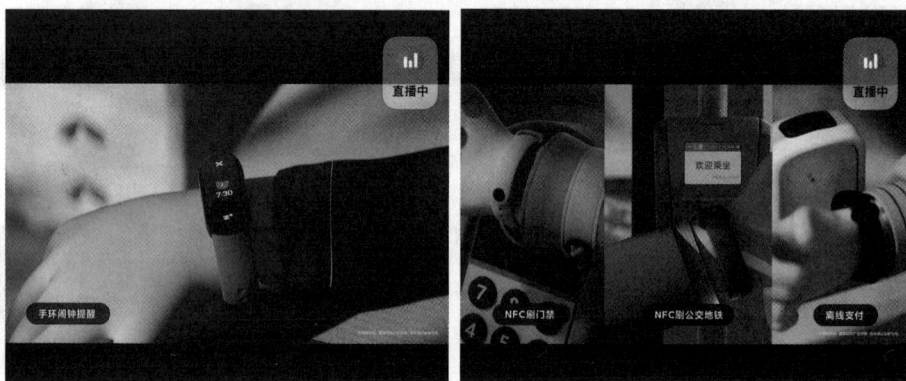

图4-9　运动手环的主图视频文案

- **全方位展示产品的重要功能或卖点**。有些主图视频文案以人声作为旁白进行详细的阐释与解说，因此，其描述语言要全方位展现产品的优势。例如，某防晒服的主图视频文案就详细阐述了防晒服全包裹至指尖、加长防晒、一衣多穿、对脸部保护程度高等卖点，如图4-10所示。

- **突出展示关键卖点**。在主图视频文案中，还需用简练的文案对产品的关键卖点做突出展示。如图4-10的防晒服就重点展示了"一衣三穿""4重复合防晒科技"等关键卖点。又如，图4-11所示的某矿泉水品牌的主图视频文案，就通过展示水源地的实拍，突出水源是天然雪水，品质优良。

图4-10 防晒服的主图视频文案

图4-11 矿泉水的主图视频文案

4.4 写作产品详情页文案

产品详情页文案是指在淘宝、京东或其他电子商务平台中，商家对所出售的产品以文字、图片或视频等手段展示产品信息的表现形式。详情页是电商产品文案的重要组成部分，产品详情页文案的质量直接关系到产品的购买转化率。产品详情页文案只要能符合受众审美、满足受众需求，就能顺利让受众下单。

4.4.1 产品详情页文案的功能与写作原则

网购的环境使受众需要通过产品详情页文案来充分了解产品的各项信息，因此商家要尽可能让产品详情页文案详尽而有吸引力，这对受众做出购买产品决定至关重要。在写作产品详情页文案时，文案人员首先应了解产品详情页文案的功能与写作原则，这样才能写出合格的产品详情页文案。

1. 产品详情页文案的功能

产品详情页文案其实就是一个无声的推销员，它能最大化地将产品卖点展示出来，让受众在了解产品各项信息的同时，延长受众在店铺的停留时间，吸引受众下单，提高店铺的转化率。所以产品详情页文案最好具备以下功能。

- **增加受众对产品的了解**。受众浏览产品详情页文案时，可以看到详细的产品信息描述，包括产品材质、品牌、价格和样式等基本信息。除此之外，商家还会在产品详情页文案中对产品的其他信息进行展示，如产品的适宜人群、细节、不同角度的形态等。

- **突出产品的功能**。产品详情页文案中还要提炼出产品的卖点和功能，以吸引受众的关注。一般来说，要将产品最主要的卖点和功能都提炼出来，以实景图片加文字的形式进行重点展示，突出产品优点。

- **获得受众信任和好感**。产品详情页文案中的详细描述不仅要为受众提供了解产品的途径，还要让他们对店铺和产品留下良好的印象，特别是购买须知、受众评价和注意事项等从受众角度来考虑问题的内容，这样会让受众觉得商家是真心实意地为他们考虑，从而赢得受众的信任和好感。

- **引导受众下单**。当受众被产品标题文案和主图文案吸引而进店后，优秀的产品详情页文案能够让受众细细品读且觉得产品符合他们自身的需求，甚至让有些只是随便看看的受众觉得产品确实不错，引起他们的购买欲望。

另外，产品详情页文案中的其他产品推荐或促销活动，也会激发受众继续浏览，延长在店铺的停留时间，提高其他产品的点击率。需要注意的是，促销信息要及时、有效，不能放置已经失效的内容或纯粹为了吸引受众点击而写一些模棱两可的话。

2. 产品详情页文案的写作原则

产品详情页文案是通过视觉来传达产品特征的一种形式，对提高店铺的成交转化率起着决定性的作用。文案人员在撰写产品详情页文案时，需要注意以下原则。

- **虚实结合**。产品详情页文案首先要做到"实"，即产品信息描述符合实际情况，特别是产品的细节描述、材质和规格等基本信息，一定要真实可信，不能肆意夸大，也不能隐瞒或弄虚作假。"虚"是指产品的文化背景和图片等可以经过一定的美化和加工，让产品显得更加有内涵和品质保障。

- **图文并茂**。产品详情页需要有文字来进行必要的解说，但主要吸引受众的还是图片。如果忽略图片而采取大段的文字描述将会降低产品的吸引力。正确的做法是有图有文、图文搭配，且要注意图片与文字的美化，为受众提供良好的视觉体验。

- **详略得当**。没有受众喜欢从众多的文字描述中自行提炼产品的有用信息。如果产品详情页文案是一些重复啰唆、没有重点的信息，那么受众往往会直接退出。

4.4.2　产品详情页文案的写作方法

移动电商平台上的店铺，几乎所有的产品详情页都采用图文搭配的方式，一是可以丰富图片所表达的内容，提升图片的可读性；二是可以解决详情页全是文字的问题，增强受众的阅读体验，提升产品的可信度。因此，文字是产品详情页文案中不可缺少的元素。想让受众购买产品，文案人员就要合理组织和写作文案，突出产品的卖点以吸引受众。

　　一般说来，产品详情页文案包含的信息包括情感诉求类语句、产品材质、规格、价格促销点、产品获得的荣誉、新老客户体验、产品效果大图、细节图、实拍图、产品独特卖点的图文说明、功能介绍、与同类目产品的对比、产品加工过程、售后保障和品牌介绍等。写作产品详情页文案时需要遵守以下原则。

- **统一叙述风格**。产品详情页文案中需要进行文字描述的部分不止一处，文案人员在进行描述时要先统一文案的用语风格，不能前面使用轻松幽默的语言，后面又使用严肃沉闷的语言。这不仅会降低受众的阅读兴趣，还会让受众觉得莫名其妙。产品详情页文案的写作与一般的文章写作相似，要保证文案风格统一、用语通俗易懂，能够表达产品的特点。

- **确定核心卖点**。核心卖点就是产品详情页文案的表述中心，明确产品的核心卖点才能更好地组织语言，从核心卖点出发展开文字描述，从而突出产品的优势。

- **使用个性化的语言**。在互联网迅速发展的环境下，很多店铺的产品详情页文案千篇一律，没有专属特色和亮点。如果产品详情页文案能独树一帜，创造独特的语言描述风格，不仅会吸引受众，还能引领文案潮流。

　　例如，某休闲女装店铺推出了一款裙裤，其核心卖点就是轻盈利索。图4-12所示为该产品的详情页文案，其用语简洁精练、自然随性、别具一格，同时深刻表现了产品的核心卖点和材质、设计的独特，个性化特征明显，颇具特色。

　　要写出能够吸引受众的产品详情页文案，就要注重文案细节的改善，梳理出清晰的结构与要点。一般来说，产品详情页文案的写作方法有九宫格思考法和要点延伸法，此外，文案正文写作的三段式写法在这里也同样适用，只需提炼出要点即可。产品详情页的写作要点不外乎是与产品主图文案相同的产品属性、规格介绍，功能特点分析，细节展示与阐述，物流，售后，购买须知，受众感悟等，有时还包含品牌文化理念、产品搭配链接、店铺推荐及其他附加内容。值得注意的是，产品详情页文案比产品主图文案更丰富，发挥的空间也更大，文案人员可自由选择写作方法，突出产品优势和卖点，其写作方法在前文已经详细讲过，这里不赘述。现以要点延伸法为例，为一款水杯进行要点延伸，具体内容如下所示。

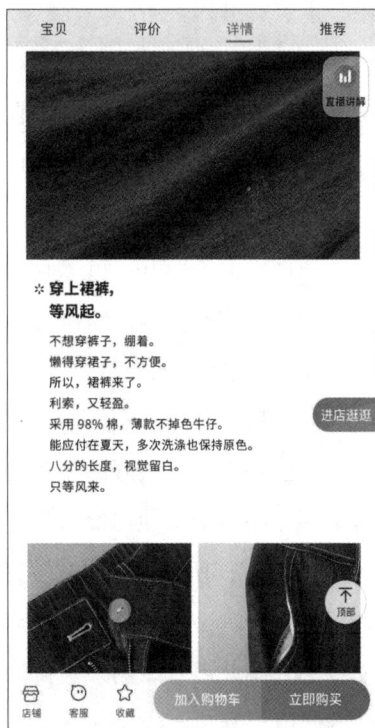

图4-12　裙裤的详情页文案

要点1：安心材质。高硼硅材质，健康无味，冷热皆宜，无惧骤冷骤热，安全防爆。

要点2：双盖设计。大口小口，随心畅饮。

要点3：缤纷色彩。多色任选，净透杯身，随便选都好看。

要点4：品质认证。经相关权威机构认证，符合国家检测标准。

要点5：品牌介绍。40年本土品牌，多年来始终以消费者需求为核心，不断拓展事业领域。全国各大商场，超市入驻中……

在展示的过程中，要注意搭配产品图片进行详细说明。通过文字表述再搭配精美的水杯图片，可以清楚地展示这款水杯的特点。

4.4.3 产品详情页文案的写作技巧

写作优秀的产品详情页文案有一定的技巧，文案人员可以参考以下要点进行写作。

1. 图文搭配

好的文字解说搭配出色的图片，即使是原本对产品无动于衷的受众，都能留下良好的印象。产品详情页文案更离不开图片的点缀，文案人员可以在图片中添加文字，也可以在图片外的空白地方添加文字，但要注意文字不能遮盖图片所要传达的信息，同时要保证图片清晰，重点突出。

2. 体现产品价值

产品价值分为产品使用价值和产品非使用价值两种，写作产品详情页文案时，一定要既体现产品的使用价值又体现其非使用价值。

（1）产品使用价值

使用价值（Value in Use）是产品的自然属性，即能够满足人们某种需要的属性，是一切产品都具有的共同属性之一。例如，粮食的使用价值是充饥，衣服的使用价值是御寒，晴雨伞的使用价值是遮阳防雨。图4-13所示为某羽绒被的详情页文案，其贴身、蓬松、发热等卖点的介绍就展示了羽绒被御寒保暖的使用价值。

（2）产品非使用价值

产品非使用价值通常指除了产

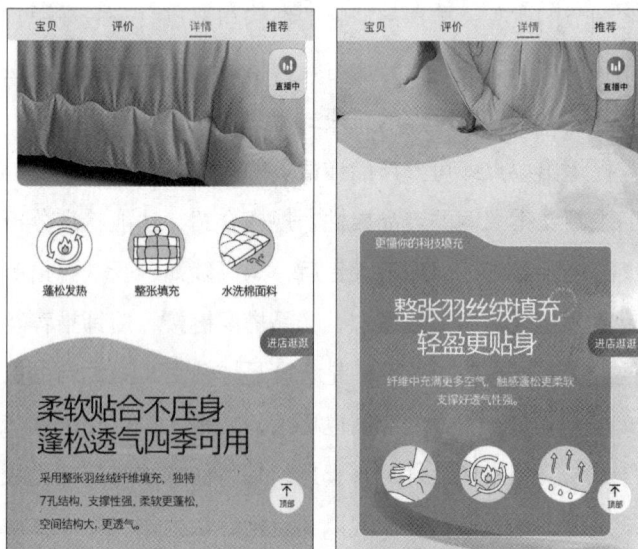

图4-13 某羽绒被的详情页文案

品使用价值以外的其他价值，在产品详情页文案中，产品非使用价值可以从产品的附加价值、身份和形象、与职业相匹配等角度入手。通过挖掘产品的非使用价值，可以提升产品的价值，给产品赋予更加丰富的内涵。

图4-14所示为某运动挂脖耳机的详情页文案，其就突出了产品的非使用价值——耳机色彩新潮，利于穿搭，由此进一步提升产品的吸引力。又如，一些艺术类摆件，其详情页文案更多是强调产品的非使用价值，包括外观、设计等。

3. 运用多种表现手法

虽然产品的核心是卖点，但直接介绍卖点难免显得单调，也容易与竞争对手高度雷同，无法凸显自身特色。因此，文案人员可以借助对比、背景的运用等手法丰富文案，提升文案的表现效果。

（1）对比的运用

图4-14　某运动挂脖耳机的详情页文案

产品质量、材质和服务等都可以作为对比的对象，文案人员应该从受众关心的角度出发，对比分析可能引起受众关注的问题，突出自身产品的优点。例如，服装类产品可从做工、面料、厚薄、质地等方面进行对比；食品类产品可从产地、包装、密封性、新鲜程度、加工和储存等方面进行对比。以某破壁机为例，其就是通过旧款4叶刀头和新款8叶刀头、旧款不锈钢加热底盘和新款陶瓷釉底盘的使用效果对比来凸显新产品的使用体验更好、更值得购买，如图4-15所示。

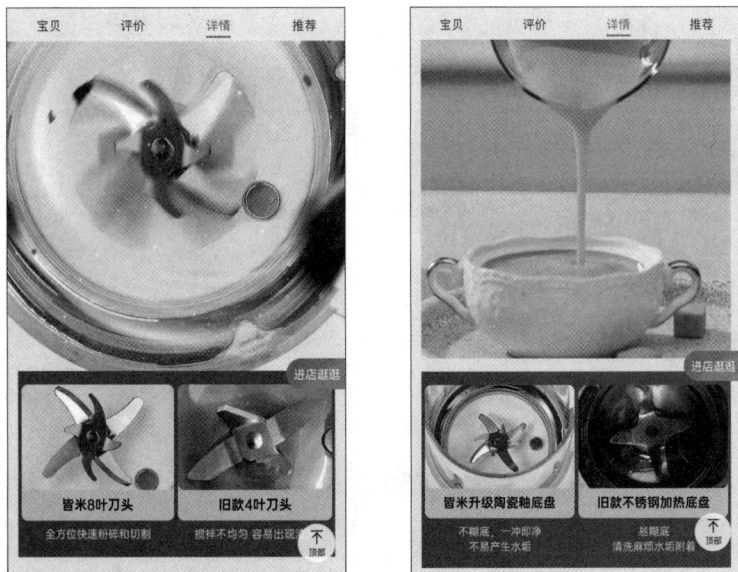

图4-15　运用对比的产品详情页文案

（2）背景的运用

不同颜色的产品详情页背景能带给受众不同的心理感受，文案人员要了解各种颜色对应的感情色彩和色系，根据自身店铺、产品和促销活动等来确定选择哪一种颜色的背景。要注意的是，背景颜色不能太花哨，最好不要使用太多的颜色来进行搭配，要保证背景看起来协调且符合大众审美。另外，产品图片也可通过背景的搭配来传达内容，常见的搭配方法如下。

- **事物点缀**。通过其他的事物来衬托产品，可以是一朵花、一支笔或一把椅子，重点是能突出产品，不能有喧宾夺主的感觉。例如，一套餐具的产品图，就可以使用花朵、食物等来进行点缀，使产品图片的效果更加美观，达到吸引受众的目的。
- **使用纯色背景**。纯色背景可以使画面风格整体质感统一，突出产品本身。对于颜色较为丰富或亮丽的产品，建议使用纯色背景，以更好地展现产品的外观、颜色。
- **借助参照物**。对于一些需要明确尺寸的产品，可通过参照物来进行对比。例如，笔记本可以用手机作为参照物说明大小，书本可以硬币作为参照物衡量厚薄，箱包等可以以人为参照物。

（3）搭配与组合

与其他产品搭配组合不仅可以让产品展示效果更加美观，还能在无形之中推销其他产品，为店铺带来更多的转化率，这种情况在服饰类产品中比较常见。

4. 紧贴店铺定位

文案写作要与受众的需求相贴合，并紧贴店铺定位，不断强调自身优势与特色，这样才能打动受众。图4-16所示分别为某装饰画和茶几的详情页文案，前者店铺定位为北欧风，后者则倾向于原木风。各自的详情页文案就抓住受众对这类风格的喜爱与向往，通过文字描述分别突出了明媚清雅和自然质朴的氛围，各自契合了目标受众的喜好。

图4-16　某装饰画和茶几的详情页文案

5. 抓住目标受众的痛点

痛点一般指受众迫切需要满足的需求或大部分受众普遍存在的问题。抓住痛点并不是指展示买了这个产品有多好，而是不买这个产品会有什么样的后果。文案人员可以设身处地地从受众的角度来寻找，思考受众买这款产品的理由，以受众的痛点带动产品的卖点，加深受众的认同感，提升他们的购买欲望。例如，母婴用品的痛点就是安全、天然和环保等。

此外，文案人员还要深度挖掘受众购买产品时所关心的是什么，如受众在购买衣服时最关心的是衣服是否合身、舒适、美观；购买户外运动鞋时要求鞋子舒适、防水、防滑、耐磨等。

📝 高手有话

产品分类越细，越容易找到目标受众的痛点，越容易有针对性地逐个击破。文案人员在产品详情页文案中仔细分析并挖掘目标受众的痛点与兴趣，并将其放大处理，就可以写出转化率高的文案。

6. 以情感打动受众

以情感打动受众就是通过情绪力量来为产品添加附加价值，让受众更加容易接受。无论是写作什么类型的产品文案，文案人员只要能够充分调动受众的情感，引起他们的共鸣，就可能让他们在阅读的过程中认同产品的价值，最后购买。图4-17所示为某足疗机构详情页文案，该文案将产品与孩子对父母的孝心联系起来，赋予了产品感情色彩，并强调产品有利于老人健康，迎合了年轻人关爱父母身体健康的情感，具有感染力。

图4-17　以情感动人

7. 逻辑引导受众

优秀的产品详情页文案都有一定的逻辑，围绕产品的某些主题展开描述，对卖点进行细分，从不同的角度切入。一般来说，产品详情页文案可按照以下逻辑顺序进行书写。

① 品牌介绍（也可换到最后）。

② 焦点图，引起受众的阅读兴趣。

③ 目标受众设计，即买给谁用。

④ 场景图，用以激发受众的潜在需求。

⑤ 产品详细介绍，用以赢得受众的信任。

⑥ 受众为什么要购买本产品，即购买本产品的好处有哪些。

⑦ 没有使用本产品的后果。

⑧ 同类型产品信息信息，包括价格、材质和价值等。

⑨ 受众评价或第三方评价，用以加强受众信任度。

⑩ 产品的非使用价值体现，最好通过图文搭配的形式来进行设计。

⑪ 拥有本产品后的效果呈现，给受众一个购买的理由。

⑫ 给受众寻找购买的理由，如自用、送父母、送恋人或朋友等。

⑬ 发出购买号召力，为受众做决定，即为什么要立马下单购买。

⑭ 购物须知，包括邮费、发货和退换货信息等。

⑮ 关联推荐产品的信息。

以上的产品详情页文案框架只是文案参考，不同的行业、不同的产品要根据具体情况进行分析。在写作前，文案人员可以先收集一些同行业销售量较高的产品的详情页文案，分析其文案构成和写作方法，在此基础上形成自己的风格。

高手有话

> 文案人员平时可以多观察学习优秀的产品详情页文案，不断学习积累，以提升自己的文案写作水平。

4.5 同步实训

4.5.1 写作茶罐主图图片文案

【实训背景】

茶是我国的传统饮品，也是我国古代对外交流的重要产品，曾经和瓷器一起经由丝绸之路销往海外各国，在世界引起重大影响。如今我国仍保有非常浓厚的茶饮文化。

茶罐是保存茶的重要容器，大部分爱茶人士的家里都有茶罐的存在。小单是致力于设计、生产极简器物的品牌的文案人员，近期该品牌新开发了一款茶罐，欲在网店上架销售。该茶罐的茶壶设计为帽子形状，帽子以葫芦冠冕，寓意"福禄"，共有黑、红、蓝、绿4色。茶罐线条圆润、握感舒适，茶叶存取方便。在产品上架之前，小单需根据产品图片及信息，提前写作产品主图图片文案，用于产品在电商平台的展示与销售。

【实训要求】

本实训要求写作产品主图图片文案，文案需体现产品卖点。

【实训步骤】

根据实训要求，本实训可以分为以下步骤。

（1）选择吸引力强的图片。

产品主图图片文案以图片为载体，因此小单打算从产品图片中选择美观、清晰、色彩明亮的图片来设计产品主图。最终，小单选择了3张产品图，分别展示全貌与开盖效果、茶罐装茶后的使用场景、不同颜色的茶罐等，如图4-18所示。

图4-18　茶罐图

（2）编辑产品主图图片文案。

产品主图图片文案的主图需要抓住产品卖点，且文案语言应精准有效，排版需美观。小单根据选出的图片，对应编辑了合适的产品卖点。例如：以产品名称为文案，彰显茶罐独特造型设计；以"赏用皆宜"介绍产品功能作用；以"多色可选 经典百搭"介绍产品其他信息卖点等。另外，小单统一采用了某种楷体文字样式，为文字设置了红底，置于图片上方空白区域，简约美观，如图4-19所示。

图4-19　茶罐的主图图片文案

（3）进一步完善产品主图图片文案。

此外，小单打算再各选一张俯视图和细节图作为产品主图，不为图片添加任何文字说明，只展示产品，加深受众对产品的认识，如图4-20所示。

图4-20　茶罐的其他主图

4.5.2　写作茶罐产品详情页文案

【实训背景】

产品详情页文案是对产品信息的全面介绍，小单准备设计一份图文精美、卖点突出的产品详情页文案，吸引受众购买。

【实训要求】

本实训要求写作产品详情页文案，可结合产品详情页文案的写作原则、写作方法，按照逻辑顺序撰写。

【实训步骤】

根据实训要求，本实训可以分为以下步骤。

（1）设计产品焦点图。

几乎所有产品都有焦点图。该茶罐可以产品展示为背景，配合产品名称和造型的介绍设计焦点图，如图4-21所示。

（2）从受众视角介绍设计缘由。

从受众视角介绍设计缘由指展示茶罐的设计理念或灵感，以吸引目标受众。如葫芦谐音"福禄"，寓意美好，可以用于礼赠，这可以吸引有送礼需求的目标受众，如图4-22所示。

（3）详细展示产品。

产品的详细信息可以从产品的名称、材质、工艺、器型、规格和容量等具体参数入手。另外，小单还准备迎合受众送礼的需求，介绍茶罐的审美价值、手感、罐身设计，以及一罐多用、方便携带的特点，全方位展示茶罐的价值和好处，吸引受众购买，如图4-23所示。

图4-21　焦点图

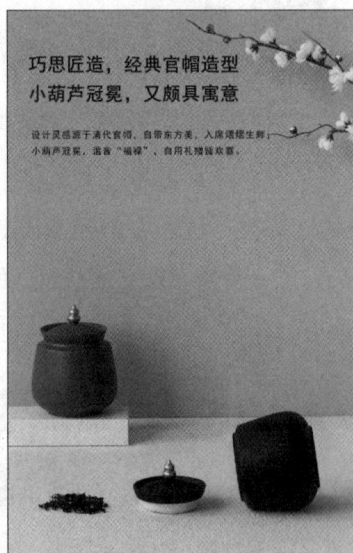

图4-22　设计灵感

名　称：官帽·小茶罐		规　格：如下展示	
材　质：陶、黄金水		容　量：如下展示	
工　艺：氧化烧、描金		烧制温度：1280℃	
釉　色：禅风黑、宫廷红		原料产地：德化	
器　型：茶叶罐		等　级：一等品	

注：手工测量存在些许误差，以收到实物为主！

大红袍	碧螺春	正山小种	铁观音
35g	60g	40g	65g

官帽小茶罐，也是装饰艺术品

官帽密封盖，内附有无纺布，高效锁鲜；也是
装饰艺术品，置入茶席，实用并蓄。

帽檐弧度适宜 存取方便

罐身线条圆润有致，握感舒适，帽檐的弧度开合适宜，存取茶
方便，也益于随时观察茶量变化，及时补充。

一罐多用 可循环藏茶

选用适合泡茶聚香的陶泥材质，罐内施釉，不吸茶性，
可循环藏茶，还可以放花茶、干果等，一罐多用。

一手掌握 便携百搭

掌心大小，是茶叶罐，也是装饰艺术品，禅风黑和宫廷红经典色，
任君挑选；轻便易携，适用各种场景，自用礼赠皆欢喜。

图4-23　详细展示茶罐

（4）展示产品应用场景和细节。

　　小单准备展示茶罐实拍效果，并对细节进行展示说明。例如，手描真金，盖内无纺布锁
香保鲜，底部圈足不伤桌面等，如图4-24所示。

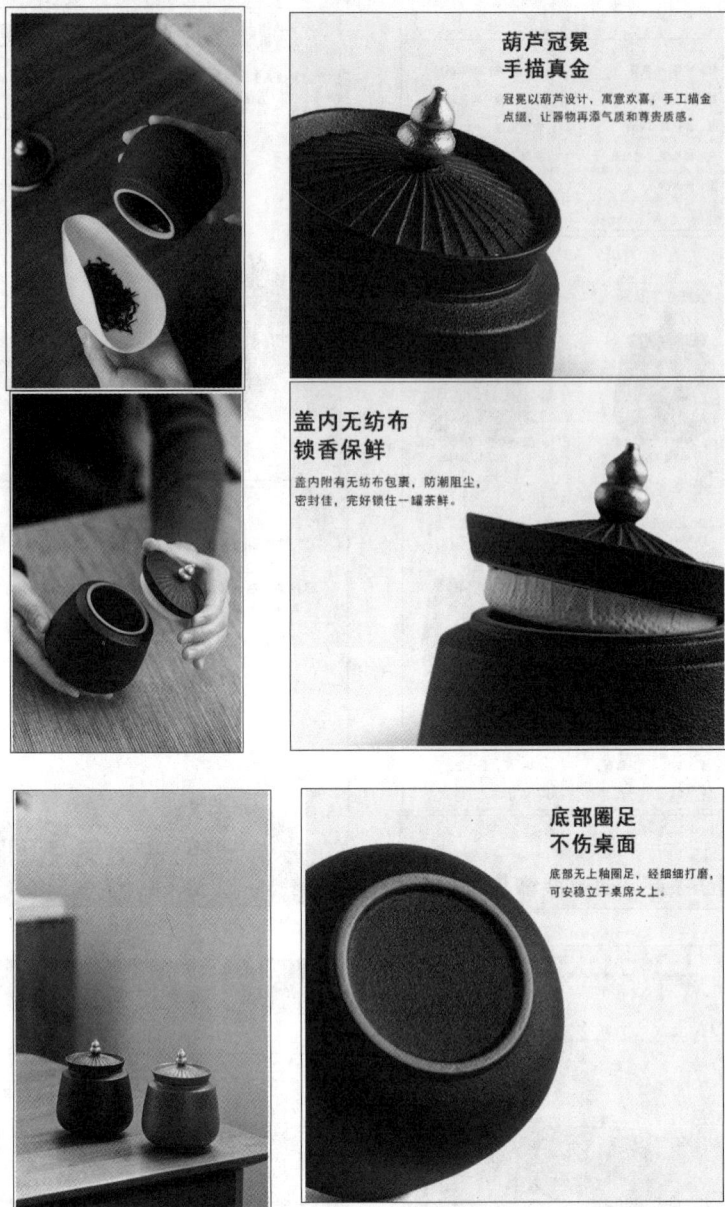

葫芦冠冕
手描真金

冠冕以葫芦设计，寓意欢喜，手工描金点缀，让器物再添气质和尊贵质感。

盖内无纺布
锁香保鲜

盖内附有无纺布包裹，防潮阻尘，密封佳，完好锁住一罐茶鲜。

底部圈足
不伤桌面

底部无上釉圈足，经细细打磨，可安稳立于桌席之上。

图4-24　产品实拍、细节信息

（5）介绍品牌理念。

简单介绍品牌理念，让受众认识和认可品牌，其品牌介绍内容如下所示。

> 　　我们倡导返璞归真、极简的设计风格，致力于结合中国风和新中式美学，设计满足茶友个性化需求的极简器物，传播与践行极简风格文化，让生活回归质朴、单纯。

（6）介绍购买须知。

为消除受众购买疑虑，产品详情页文案中还可以对产品潜在的可能引起争议的因素，如售后、答疑服务、色差、误差、快递、退货等做出说明，如图4-25所示。

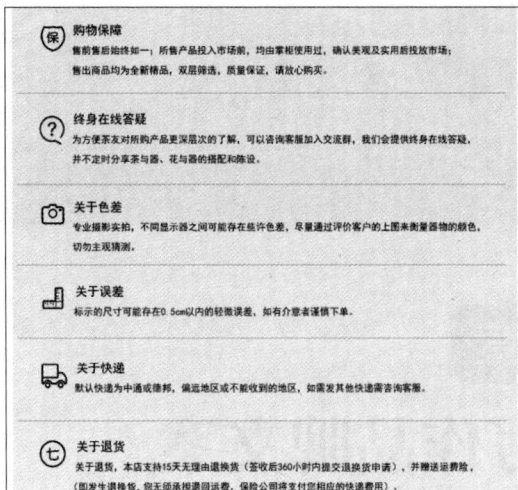

图4-25 购买须知

完成以上写作后，还应当对该款茶罐的详情页文案进行检查和受众体验调查，进一步完善和优化文案。

4.6 思考与提高

1. 简述提炼产品卖点的方法。

2. 写作产品主图图片文案时，可从哪些方面介绍产品卖点？

3. 产品详情页文案可以从哪些产品卖点入手？

4. 图4-26所示为某品牌女包的产品图和属性信息，请根据信息内容为其拟定一个恰当的产品标题。

图4-26 产品图和属性信息

5. 以图4-26的女包为例，谈谈可从哪些方面撰写其产品详情页文案，将思路写在下方。

提示：可参考本书中已有实例的写法。本题意在考察读者的写作思路及对产品文案写作的把握程度。

第5章

写作品牌文案

学习目标

- ◆ 掌握品牌名称和口号的写作。
- ◆ 能写作品牌故事文案。
- ◆ 能写作品牌产品上新文案和热点营销文案。
- ◆ 能写作品牌节假日营销文案和公关文案。

素养目标

- ◆ 培养同理心，学会换位思考。
- ◆ 具备较高的职业道德素质，不盲目借用热点。

案例导入

　　方太是我国专注于高端嵌入式厨房电器研发和制造的品牌，致力于为追求高品质生活的人们提供品质卓越的产品和服务，让千万个家庭享受更加幸福安心的生活。与其他快消产品相比，厨电产品的购买周期（在一定时间范围内，购买一次某产品的平均时间）长，缺乏社交属性，受众关注度较低。但方太凭借其"走心"文案，让品牌"生活家"的概念深入人心，赢得了广大受众的认可与好感。

　　方太的许多文案都充满烟火气与人情味，通过缔造厨房与人、世界的联系，展现在厨房这一方天地蕴藏的美好风景、幸福生活。例如，方太集成烹饪中心J系列上市时，方太围绕"一平方米"厨房，在微博发布了"一平方米大有乾坤"文案，如图5-1所示。其通过展现厨房里的"星辰大海"，呈现了一幅幅趣味的、充满画面感的场景，对应展示了该集成烹饪中心的一个个卖点，其文案内容如下。

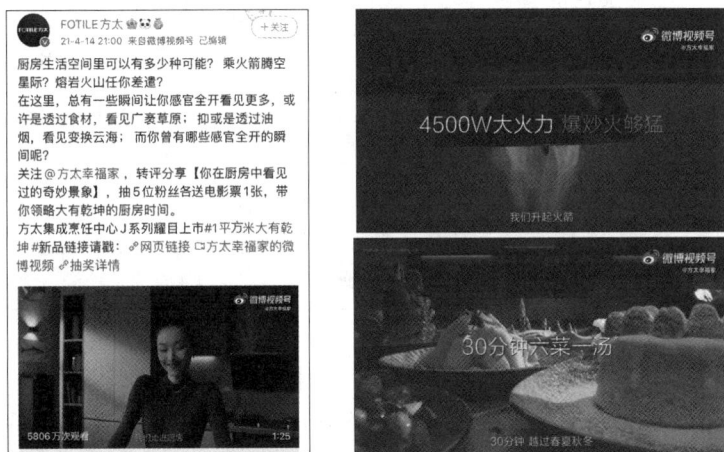

图5-1　方太微博文案

做饭的乐趣

就从系上围裙那一刻开始

……

星海茫茫，我们升起火箭

不去东西南北，直抵银河，乘风向上

在烟与火中，我们扬起手臂

从深海，掀起一阵浪涌

翻动手掌，点燃一座火山

鼓动热风，让熔岩流淌，重塑大陆的形状

> 30 分钟，越过春夏秋冬
>
> ……
>
> 一切，就在一平方米之间
>
> 一平方米，大有乾坤
>
> 方太集成烹饪中心

该文案中，方太将其产品卖点进行了创意性的解读与表达，如用"星海茫茫，我们升起火箭，不去东西南北，直抵银河"描述产品"爆炒火够猛""猛火爆炒不跑烟"的卖点，用"30分钟，越过春夏秋冬"创意性表达"30分钟六菜一汤"的卖点等。通过赋予厨房充满诗意的意象，拔高厨房所能达到的意境，不断丰富受众对厨房的想象，极大提升了下厨的幸福感，有助于激发受众对下厨的兴趣和产品的好感，吸引受众购买品牌产品。

除了品牌产品上新文案外，品牌文案还包括品牌名称、品牌口号、品牌故事文案、品牌热点营销文案、品牌节假日营销文案和品牌公关文案等。移动商务平台中的品牌文案本质上是一种文化包装，就是通过赋予品牌深刻而丰富的文化内涵，搭建与受众的情感联系，建立鲜明的品牌定位，使受众对品牌产生高度认同感，从而提升品牌形象，提升受众对品牌的忠诚度，促进品牌产品的销售。

5.1 写作品牌名称与口号

在日常生活中可以发现，品牌名称与品牌口号往往是人们认识一个品牌时优先留意与记忆的内容。实际上，品牌命名不是设置一个简单的记号，而是品牌定位的一种深入，也是一个将市场、定位、形象、情感、价值等转化为营销力量并启动市场竞争的过程。品牌口号能强化定位，而且其隐含的形象价值能使品牌获得持久的市场优势。品牌名称和口号都是文案人员在写作品牌文案时会遇到的部分，都能帮助品牌进行形象定位。

5.1.1 写作品牌名称

一个好的品牌名称，能给受众留下深刻的第一印象，植根于受众脑海中，让品牌在市场中占尽先机。很多知名的品牌都有一个符合品牌调性和内涵，独特好记且能引起受众正面、积极联想的名称，如香飘飘、六个核桃、金龙鱼、拉面说等。取名不难，难的是取出既符合品牌定位，又易于受众记忆的名称。在取名方面文案人员可参考以下方法。

1. 名称即服务

品牌名称即服务是一种独特的命名方式，受众遇到以这种方式命名的品牌时，只需听名称就能猜出品牌是干什么的。名称和服务关联性高，当受众需要这项服务时很自然就会想到该品牌，形成品牌即品类的局面。

例如，对于一个提供出行服务的品牌而言，重要的是快速满足受众的即时用车需求。"曹操出行"的品牌名称就能让人立刻联想到"说曹操曹操到"这句取自《三国演义》的流行俗语，使曹操出行打车快的形象深入人心，让受众对曹操出行能提供的服务印象深刻。用相似方法命名的还有箱包品牌"麦包包"等。

2. 拟人化

将品牌拟人化，可以使其在市场中显得形象化、有温度。常见的拟人化命名法有以下两种。

① 构造虚拟的人物形象。例如，饮料品牌"小茗同学"以学生为形象，将品牌拟人化。"茗"谐音"明"（"小明"是一个在人们学生时代常见的名字），可以使品牌形象更立体，加深受众对品牌的印象。同时，"茗"又有茶树嫩芽的意思，点出这是一款针对茶的品牌。而"冷"也是品牌的关键词，"小茗同学"的"冷"着眼于认真搞笑的冷幽默，与冷泡制茶工艺呼应，使产品特点与品牌人物的性格特征相结合，由此诞生了"认真搞笑，低调冷泡"这句品牌标语，使品牌形象十分生动。

② 将品牌与具体人物联系起来。品牌渊源会加强品牌文化底蕴，若是与品牌相联系的人物的性格品质与品牌所要传达的理念或精神相吻合，还会增强品牌个性的表达效果。例如，运动品牌"李宁"，"李宁"由我国体操运动员李宁创建，其人物本身就具备体育人共有的运动精神，这与品牌本身想要传达的运动精神高度一致，使得品牌很明确地得以与运动紧密联系。用相似方法命名的还包括张飞牛肉、毛戈平（化妆品品牌）等。

3. 故事、情怀的双重叠加

当产品的核心竞争力并不具备更大的竞争优势时，文案人员还可以利用故事和情怀。故事和情怀能带给受众温度感，起到情感唤醒的作用，提升品牌的附加值。

例如，"三个爸爸"品牌的名称看上去让人觉得与父爱故事有关。事实上，该品牌确实由三个爱孩子的爸爸创建，出于希望孩子健康成长的目的，他们决定打造一个真正能保护儿童呼吸系统的空气净化器。"三个爸爸"品牌名称背后，就是一个有情怀的故事，这也使得其品牌产品成为有情怀的产品，可以拉近与受众的距离。

4. 口语化

当前，品牌命名的趋势正向口语化方向迈进，基本原则是简洁取代冗长，简单易懂，直白上口、易于传播已成为品牌取名的共性。

例如，鲜花品牌"亿亩花田"的名称就通俗易懂、简洁直白，直接向受众表明品牌主营鲜花，且有很大规模的鲜花种植地，既展示了品牌的实力，又展示了品牌产品的类型。又如，美食品牌"好吃点"、智能硬件和电子产品研发品牌名称"小米"等，其命名方式都比较口语化，朗朗上口。

5. 传递品牌理念

许多品牌的建立都有其含义或初衷。例如，从餐厨开始守卫大家的健康，为人民提供更美好的生活方法，建立民族品牌或世界级的互联网公司等。有些品牌就在名称中传达建立的理念、态度。

例如，护肤品品牌"谷雨"，其名称来源于我国的二十四节气——谷雨，节气中的谷雨取自"雨生百谷"，"谷雨"品牌秉持自然护肤理念，倡导遵循肌肤规律，自然护肤。再如，牛奶品牌"特仑苏"，其名称源于蒙古语，有"金牌牛奶"之意，由此可见该品牌的自信态度和定位。

高手有话

品牌名称还可以与地域联系，将受众对地域的信任和熟悉度转接到品牌上，如"保宁醋""东阿阿胶"等。

5.1.2 写作品牌口号

品牌口号就是品牌的广告口号，或者说是广告标语。品牌口号对一个品牌而言起着非常重要的作用，品牌口号可以宣传品牌精神、反映品牌定位、丰富品牌联想、呈现品牌名称和标志等。好的品牌口号，不仅可以向受众传达产品的独特卖点，展现品牌的个性魅力，激发受众的购买欲望，还能引起受众的共鸣和认同。

1. 一句话描述产品功能特点

品牌口号一般都比较简短精练，有些品牌就采用一句话描述产品功能的方法确定品牌口号，展示品牌产品的卖点。例如，汰渍的品牌口号"有汰渍，没污渍"，汰渍本来就有去污渍的含义，通过这短短6个字，就很容易把产品去污的特点传达出来。同时，这两个短句前后对应且句尾押韵，富有音韵美，十分利于传播，因此该口号深入人心。其他类似的品牌口号如下。

> 佳洁士：没有蛀牙
>
> 立白洗洁精：不伤手，无残留
>
> 金嗓子喉宝：保护嗓子，请用金嗓子，广西金嗓子喉片

2. 突出受众体验感

品牌可以从受众的使用感受出发，突出受众体验感，这有利于受众形成对产品的使用认知，特别是将非常棒的消费感受作为品牌口号，更能促进受众的购买行动。例如，冷酸灵牙膏聚焦受众生活中面临的吃东西牙齿敏感的问题，提出了"冷热酸甜，想吃就吃"的口号，表示在冷酸灵的帮助下，受众可以实现想吃就吃的饮食体验，大大地增强了受众购买产品的信心。以受众体验感撰写的品牌口号如下。

> 农夫山泉：农夫山泉有点甜
>
> 嘿糖：不开心就喝嘿糖
>
> 雀巢咖啡：味道好极了

3. 与行动、场景相结合

在撰写品牌口号时，将品牌与行动、场景相结合，也就是将产品与现实场景联结起来，让受众产生代入感。一句简短的品牌口号就能为品牌营造适当的代入氛围。例如，以下品牌就是通过与场景结合来撰写品牌口号的。

> 沃尔沃：别走路，去感受路
>
> 溜溜梅：没事就吃溜溜梅
>
> 香飘飘：小饿小困，喝点香飘飘

4. 表达品牌主张

有些品牌的口号是以品牌的目标、主张为诉求点的，是该品牌在市场营销时的承诺，一般比较简洁、短小、精练、有内涵，有一定的外延深度和广度，传达了一定的品牌态度。例如，美的的品牌口号"原来生活可以更美的"。文案中的"美的"既是品牌的名称，还有"美好的事物"的意思，该口号一词两意，将美的电器与美的事物挂钩，直接向受众传递出美的可以成就意想不到的美好生活的品牌主张。

需注意的是，表达品牌主张的口号相当于在向受众传达品牌理念与态度，这种想法一定要是正能量的才能引起受众的积极反响。相似的表达品牌主张的品牌口号如下所示。

> 鸿星尔克：TO BE No.1
>
> 小米：永远相信美好的事情即将发生
>
> 百度：愿你不必百度，也能找到答案

5. 引起情感共鸣

品牌口号的写作中也常采用引起情感共鸣的方法，打动受众内心。只要文案人员在写作品牌口号时触动了受众情感，就很容易加深受众对品牌的印象并勾起他们的需求与购买欲。例如，豆瓣的"我们的精神角落"品牌口号，就是通过情感进行品牌价值植入的，表明豆瓣是一个可以满足受众精神需求的"乌托邦"，从而在情感上获得受众对品牌定位的认可。相似的品牌口号如下。

> 南方摩托：有多少南方摩托车，就有多少动人的故事
>
> 步履不停：只要步履不停，我们总会遇见

5.2　写作品牌故事

对于品牌来说，一些干巴巴的制度或者一堆枯燥干瘪的理论，远远比不上一个生动的品牌故事带给人们的认同感。品牌故事是品牌理念形成的一个重要因素，而故事的传播和诠释可以更好地呈现和普及品牌的文化理念。"理念故事化，故事理念化"可以用来形容品牌故事，它赋予了品牌生机与活力，能将品牌自然而然地融入受众的生活中，拉近受众与品牌的距离，让品牌变得有血有肉。

5.2.1　品牌故事的写作类型

好的品牌故事具有易记忆、易传播的特性，能够与受众产生情感连接，并使受众产生价值认同。无论文案人员选择创作哪种类型的品牌故事，都应根据自身条件和品牌特性找到能引起受众共鸣的地方，写出能打动受众内心的内容。常见的品牌故事主要包括以下5种类型。

1．历史型

讲述品牌的历史故事，是撰写品牌故事的常用方式。存在时间的长短有时也是评判品牌优劣的标准之一，在大浪淘沙的漫长岁月中，只有优秀的品牌才能留存下来，并做到历久弥新。历史型品牌故事主要通过展示该品牌从创建到现在的漫长时间中的经历，间接地显示品牌经得起时间和受众的检验。这类品牌故事一般包括以下内容：品牌从创建到走向成功所经历的困难，品牌发展中发生的感人小故事，品牌每个发展阶段的关键举措，品牌所取得的成绩和获得的荣誉等。历史型品牌故事一般用坚持不懈的精神来打动受众，从而使受众对品牌产生敬意与好感。

图5-2所示为某保温杯品牌的品牌故事之一，介绍了其某系列产品的历史发展，以此体现了产品的受欢迎程度，以及品牌不断推陈出新、带给受众美好生活的品牌理念，深刻展现了品牌实力，有利于在受众心中树立良好的品牌形象。

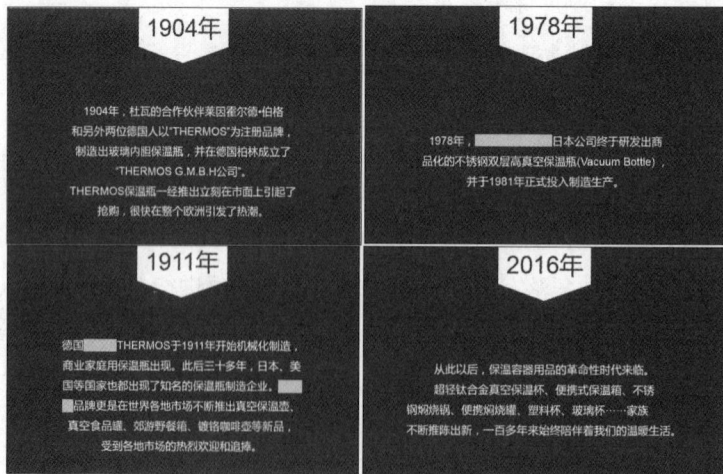

图5-2　历史型品牌故事

当然，并不是所有品牌都拥有悠久的历史，但即使是新成立的品牌也可以撰写历史型的品牌故事。若新品牌的产品拥有一定的历史传承，如某历史人物对该产品情有独钟，那么文案人员在为该品牌撰写品牌故事时，也可将这种关联作为创作历史型品牌故事的切入点。

2. 传说型

通过讲述一个传说故事或神话故事表现品牌特征或渊源，就是所谓的传说型故事。这个故事可以是流传至今的故事，也可以是文案人员编撰加工的故事。例如，状元烤蹄的品牌故事就来源于民间传说，充满了传奇色彩，容易引起受众的好奇与兴趣。以下内容即为状元烤蹄的品牌故事文案节选。

> 据民间传说，云南西双版纳有个落魄秀才进京赶考，因囊中羞涩，没有银两住客栈，只好借宿一个屠户家中。秀才晚上饥肠辘辘，只好起床寻觅食物，寻找半天也没有发现可吃的东西。突然他发现屠户宰杀猪后剩下的几个猪蹄散落在地上，他赶紧捡起来，点上一堆柴火进行烧烤。就这样，秀才以散落在地上的猪蹄得以保住性命，百倍发愤读书，千烤万烤过后，不料想烤蹄竟然异香扑鼻，味美绝伦，食之唇齿留香，精神大振。秀才在科举考试中竟然一举夺魁，成为当年的头名状元。状元高中返乡，为了答谢屠户的借宿，到屠户家拜访，回敬屠户重礼一份。屠户打开一看，竟是秀才亲手烧烤的，用红丝绸系花，上题"状元考题"的猪蹄，屠户顿悟其中之意。是"烤蹄"提前泄露才让他得的状元，状元以重金感谢，感谢屠户的猪蹄给了自己灵感，状元烤蹄因而得名。从此，状元烤蹄便流传了下来。

3. 人物型

人物型故事也是品牌故事的重要类型之一，这里的人物主要包括两种，一种是品牌的创始人，另一种是品牌的管理人员或者普通员工。

（1）品牌的创始人

大部分的品牌创始人通常都会经历一个艰苦奋斗的过程，在很多次的失败后才能获得最后的成功，拥有或大起大落，或屡败屡战，或兢兢业业，或数十年如一日等经历。把这些经历写成一个品牌故事，通常能带给受众正能量，表现出该创始人希望通过努力，用品牌和产品改变人们的生活，带给受众幸福和快乐的初心。以下为湾仔码头的品牌故事。该品牌故事讲述了品牌创始人的传奇人生和做事的态度，由此表现湾仔码头希望带给人们温暖，以及品牌是一个"用心做好料"的食品品牌，有助于提升受众对品牌的好感度。

> 20世纪70年代，臧姑娘身无分文来到外地，为了抚养两个年幼的女儿，她开始在街边摆摊卖水饺。

　　藏姑娘始终对购买水饺的人满怀感恩之心，视他们为朋友，甚至是家人。因此只用好的原料，用真心包制每一个水饺。为了保证每个水饺都新鲜美味，藏姑娘不仅采用世代相传的秘制配方，更坚持使用经过检验的蔬菜、猪前腿肉、纯天然小麦搭配传统手艺的三道压纹，保留食材的原汁原味。

　　在藏姑娘心里，只有真材实料才能做出真心真意的美味，这份用心也为她赢得"水饺皇后"的美誉。

　　40年来，湾仔码头带给千万人家妈妈的关爱，家的味道。

（2）品牌的管理人员、普通员工

　　品牌的管理人员或者普通员工的品牌故事，主要通过讲述普通人的人生经历或闪光点来感动受众。这种品牌故事中的人物都是品牌的员工，讲述的也都是发生在这些人物身上的真实故事，逼真地还原人物、事件和品牌产品，让整个故事看起来非常真实，生活化的、自然的语言也让受众有亲切感，因而更容易被受众接受。这种品牌故事不仅更容易塑造品牌个性化的形象，而且品牌几十年历史发展的积淀还能源源不断地为品牌故事提供新的素材。

　　图5-3所示是某饮用水品牌的品牌故事"最后一公里"片段截图，该品牌故事讲述了该公司在西藏的一位普通员工——尼玛多吉在布达拉宫前最后一公里送水的故事。

图5-3　某品牌故事广告的截图

　　尼玛多吉一次次地翻山越岭，经历严寒，只是为了把水最终送到客户手里。多年来，他之所以一直坚守岗位，是因为在他看来，产品的品质不仅取决于工厂，也取决于他的服务。通过员工的亲身讲述，这个感人的故事显得真实、质朴，体现了该品牌对质量和服务不变的追求，取得了非常好的效果。以下为其文案具体内容。

　　我现在已经37岁了，我想给小孩做个榜样。农夫山泉就跟我的小孩一样，爱护它、保护它是我的责任。长白山距西藏3000多千米，水从那么远到西藏来，我们要把它送到客户嘴里，我的同事完成了99%的工作，最后的1%是我来完成的，我也是大自然的搬运工。

4. 卖点型

卖点型品牌故事，主要通过品牌故事来凸显产品工艺、优越产地、独特原料、核心技术、制作水平等产品卖点。例如，某木梳品牌通过介绍两个修梳人的故事，凸显了品牌免费维修的卖点，彰显了品牌的匠心服务。

还记得在2006年谭木匠全国加盟商店主店长年会上，新加盟谭木匠的店长对公司"终身免费维修"的服务理念提出质疑：

"你都帮顾客修好了，谁还来买新的？门店的销售量又该如何保障？"。

最终，谭木匠还是把这件大部分人都认为的"傻事"坚持下来了。但杨凤莲清楚地知道，这一点儿也不傻。

以前，谭木匠的免费维修服务，就已经赢得了无数顾客的放心和青睐。今年售后服务再次升级后，更是实力"圈粉"。

维修服务升级后，杨凤莲明显感觉到，顾客的态度不一样了。新顾客，变得更友好，老顾客变得更黏人。

以往邀请新顾客成为会员，有些会不愿意，但是会员系统中的"产品维修"在线服务上线后，新顾客十分乐意成为会员。

5. 理念型

理念型故事是指以品牌追求的理念、品牌的风格和品牌的定位为传播内容的品牌故事。理念型故事适合走差异化路线的品牌，其能达到受众只要听到某种理念或风格，就会马上联想到这个品牌的效果。图5-4所示的品牌故事就是以品牌建立的缘由来输出品牌理念，表达其尊重每一个微小而确切的受众需求，真实解决受众问题的品牌态度。

基于用户需求
专注功效个护

2018年初，KIMTRUE且初®诞生于上海
成立且初®实验室

我们发现因为生活习惯和个体差异
不同用户对洗护产品有着截然不同的功
效期待和使用偏好
且初®认为应该尊重每一个微小而确切的
需求
为用户提供能够切实解决个护痛点
真实改善肌肤问题的功效产品

图5-4 理念型品牌故事

5.2.2 品牌故事的写作要素

故事是用语言艺术地反映生活、表达思想感情的一种叙事类文体。故事要么寓意深刻，要么人物典型或情节感人，总之就是要给受众留下深刻的印象，切忌情节平淡，没有可读性。故事一般包括背景、主题、细节、结果和总结感悟这5个要素，怎样通过文字将这些部分生动地描写并刻画出来，是写作品牌故事的关键。

1. 背景

故事背景是指要向受众交代故事发生的有关情况，包括故事在什么时候发生的、故事在哪里发生的、有哪些主要人物、故事发生的原因，即故事的时间、地点、人物、起因。下面为良品铺子的品牌故事，其开头就是故事的背景。

> 2005年，杨红春从科龙电器离职后，就加入了久久丫，并向顾青和梁新科学习如何作为职业经理人向创业者转型。用了将近一年的时间，杨红春与大学同学张国强一起，拜访了100多家企业，走遍了武汉的大街小巷，编写了三版商业计划书……

高手有话

> 背景的介绍并不需要面面俱到，只要说明故事的发生是否有什么特别的原因或条件即可。

2. 主题

故事主题是指故事内容的主体和核心，是品牌对现实生活的认识、对某种理想的追求或对某种现象的观点，通俗地说就是品牌要表达或表现的内容。主题的深浅与表现往往决定故事作品价值的高低，它不像论文主题那样明明白白地说出来，也不是直接将品牌观点和想法生硬地表达出来，而是融合在人物形象、情节布局、环境描写和高明的语言技巧之中，需要靠受众整体把握、分析和挖掘出来。

品牌故事的主题可以通过以下5种途径来进行表述。

- **人物**。人物是故事主题的重要承载者，人物形象的塑造可以很好地反映故事所要表达的主题，揭示某种思想或主张。
- **情节**。情节在故事中起着穿针引线的作用，它可以将故事的开始、发展和结束串联起来，形成一个完整、鲜活的故事。情节的展开可以推动故事的发展，让故事层层深入，吸引受众。
- **环境**。通过社会环境或生活环境的描写来揭示或暗示某种思想，同时结合人物思想性格的背景描写，可以很好地阐述故事所要表达的主题。
- **背景**。背景可以更好地帮助受众深入分析人物形象，把握故事主题。
- **抒情语句**。故事一般不会直白地表现主题，有时会通过一些抒情语句来表现故事的主题。

例如，德芙巧克力的品牌故事通过讲述品牌创始人莱昂和芭莎错过的爱情，表现出"爱他（她），就告诉他（她）"的主题。

3. 细节

细节描写就是抓住生活中细微而又具体的典型情节加以生动细致的描绘，能够使故事情节更加生动、形象和真实。细节一般是文案人员精心设置和安排的，是不可随意取代的部分，恰到好处的细节描写能够起到烘托环境气氛、刻画人物性格和揭示主题的作用。

例如，京东的品牌故事很多都是描写普通快递员的，在讲述过程中借助大量细节描写，使故事更加生动、立体、充满生活气息，增强了故事的可信度，如下所示。

四川省资阳市乐至县的唐发军2015年加入"京东帮"。初次接触电商，唐发军常感到无奈与迷茫。配送至农村的订单，有一部分是由城市的子女给家乡的老人购买的，常出现信息不对称、需求不衔接的情况。某年10月，配送至金顺镇的一个冰箱订单，配送员打电话预约送货时间两次都被拒绝。

"直到第三天，客户才知道是女儿下的订单，同意送货。"但是，下单的女儿却认为唐发军延迟了送货时间，直接给了差评。这样的情况发生几次后，店里的工作人员感到委屈，唐发军自己也觉得迷茫。

没想到，一件小事又让他重拾信心。一天，唐发军给附近一个村里的客户送家电。村里不通车，唐发军和配送师傅只有一起背着冰箱步行，到客户家时已经快晚上12点了，但他一辈子也忘不了客户开门时惊讶的表情。配送师傅在安装冰箱时，客户去厨房煮了两碗糖水鸡蛋，然后一直拉着他的手表示感谢，说不敢相信这么晚还真的送货上门了。

📝 高手有话

常见的细节描写方法有语言描写、动作描写、心理描写和肖像描写等，不管采用哪种方法都需要文案人员事先认真观察，选择具有代表性、概括性，能反映深刻主题的细节进行描写，这样才能突出故事的中心，给受众留下深刻的印象。

4. 结果

故事有起因当然就有结果，告诉受众故事的结果能够加深他们对故事的了解和体会，有利于故事在他们心中留下印象。

例如，海尔砸冰箱的品牌故事的结果就是树立了海尔员工严格的品质意识，提高了海尔产品的质量，达到了产品的高标准。

5. 总结感悟

文案人员可以对故事所讲述的内容和反映的主题，发表一定的看法和分析，表达一定的主张，以进一步揭示故事的意义和价值，升华主题，引发受众的共鸣和思考。例如，有道云笔记在成立十周年发布了"每一天都了不起"文案，文案讲述了一个个真实的成长故事，勾勒了各种各样的"了不起"，并表达记录成长的点滴比结果更伟大的观点。该故事文案的结尾就起到点题作用，契合品牌理念，如下所示。

> 相伴十年了不起
>
> 比相伴十年更了不起的——是过去3650天，记录了成长的每一刻
>
> 每一次记录
>
> 都让我们成为更好的自己
>
> 点点滴滴，才是人生的波澜壮阔

5.2.3 品牌故事的撰写流程

品牌故事是蕴含一定理念，可以引发受众思考的真实故事，是可以放到企业生产经营、管理实践的背景中进行审视的。品牌故事是品牌文化建设的情景故事，品牌在叙述这个故事的同时，还可以在其中加入品牌的观点和看法。撰写品牌故事的流程如下。

1. 收集与整理资料

要想写出生动的品牌故事，就必须深入地探究与分析品牌本身，了解品牌的定位是什么、有什么样的文化内涵、需要表达什么样的诉求、品牌面对的受众有哪些、竞争对手是谁。在具备这些深厚的知识储备后，才能写出超越竞争对手的品牌故事。因此写作前，文案人员首先要做好信息的收集与资料的整理工作。

2. 提炼并确定主题

品牌主题是指品牌在品牌本体因素和环境因素的双重约束下，在品牌设计中对品牌价值、内涵和预期形象做出的象征性约定，它来源于品牌历史、品牌资源、品牌个性、品牌价值观和品牌愿景等，包括基本主题和辅助主题，通常透过品牌名称、标志、概念和广告语等来表达传递。

当收集到了足够的信息后，文案人员就可以从这些信息中提炼出品牌所要表达的思想，通过对品牌的创造、巩固和扩展的故事化讲述，将与品牌相关的时代背景、文化内涵、社会变革或经营管理理念进行深度展示。

3. 撰写初稿

完成以上两项准备工作后，文案人员就可以开始着手准备品牌故事的写作了。在通过故事介绍品牌时，一定要将品牌理念和品牌的各种内在因素一一表达出来，让受众可以容易地、完整地了解品牌的全部信息。同时，还要注重故事情节的表现。故事可以是浪漫的、励志的，也可以是温馨的、感人的，但要想写出好的故事，就要有起伏的情节和丰富的人物感

情，这样才能带动受众的情绪，给受众留下深刻的印象。

一般来说，品牌故事的撰写角度有3种。

- 从技术的发明或原材料中发现故事，如可口可乐配方的故事。
- 品牌创建者的某段人生经历，如王老吉创始人王泽邦曾用几味草药治好某清朝官员。
- 品牌发展过程中所发生的典型故事，如李宁的品牌创始人在鸟巢奥运会"高空漫步"点燃火炬。

在写作品牌故事时，文案人员要从真实出发，赋予品牌人性化的故事背景来打动受众，使他们从心底接受品牌、认同品牌。产品、感情、人是品牌故事中不可缺少的要素，只有将产品与人紧密联系在一起，再融入真挚的情感，才能让故事变得饱满，吸引并感动受众，最终达到品牌传播的效果。

4. 斟酌、修改稿件

在写作品牌故事的过程中，语言组织不当、逻辑不通等情况可能造成故事阅读不流畅，因此文案人员在写作过程中需要仔细斟酌用词，选择适合品牌主题且能够表达品牌理念的词语或优美的句子来进行阐述。写作完成后，文案人员还要通读和校对稿件，修改稿件中的错误，保证故事中没有错别字、语法不通等问题。

另外，品牌故事还会根据企业的发展而发生变化，此时文案人员还要根据企业发展过程的变化来进行写作，将企业新的理念和产品特色融入故事。

5. 定稿

完成品牌故事的写作和审查后，品牌故事就可以不再修改。接下来就是在适当的时机进行品牌故事的传播，直到目标受众认同品牌故事，在受众心目中留下深刻印象。

5.2.4　品牌故事的写作技巧

完整的故事结构可以更好地进行故事叙述，但只有完整的故事结构并不意味着这就是优秀的故事。要写好品牌故事，文案人员还应参考以下4个方面的写作技巧。

1. 选择复杂的语境

语境即语言环境。狭义的语境主要指语言活动所需的时间、场合、地点等因素，也包括有助于表达、领会语义的前言、后语和上下文，是语言活动的现场。广义的语言环境则包括社会的性质和特点，以及文案人员的性格、修养和习惯等。

在写作品牌故事的过程中，尽量不要使用单一的语境，而是要对故事的发生、发展进行多种可能性的描述，提高故事的可读性和复杂性。

2. 引发独特的思考

不同的事情可以引发不同的思考，同一件事情不同的人阅读所引发的思考也不相同。从一定意义上来说，故事能够带给受众的思考也是决定其质量的一种因素。因此，故事的写作还要从一定的角度出发，充分拓展思路，不局限于故事的发展和其所代表的意义。

例如，特步的"你的特别不止一面"品牌故事，就通过讲述一个如何拍女生广告的故事，表达女生的每一面都很特别，希望广大受众能忽略他人的眼光，勇敢做自己，引发了受众的共鸣。

📱📖 高手有话

品牌故事能引发独特的思考意味着文案人员要培养同理心，能换位思考。只有站在目标受众的角度思考，才能写出具有洞察力的、触及受众内心的文案。

3. 揭示人物心理

人物的行为是故事的表面现象，人物的心理则是故事发展的内在依据。对人物的心理进行描写就是对人物内心的思想活动进行描写，以反映人物的内心世界，揭露人物欢乐、悲伤、矛盾、忧虑或希望的情绪，从而更好地刻画人物性格，帮助塑造人物形象，再现人物的内心世界，增强故事的感染力。

人物心理描写的方法很多，如内心独白、动作暗示、情景烘托等，其目的都是表现人物丰富而复杂的思想感情，让故事更加生动、形象和真实，从而表达出文案人员的看法和感受。但在运用这些心理描写的手法时，文案人员需要注意场景，如在讲述真实的创始人故事时，要有真实的材料依据，如访谈、采访等，不要为了推动故事的情节发展而编造内容。

例如，宝洁在新年联合人民网、央视网发布的"时代当家人"品牌故事，就以内心独白的形式表达了年轻人对当家的看法，表现了年轻人从当"小家"上升到"大家"的责任担当的决心与志向，并成功借助该故事实现了品牌价值的飞跃。其故事内容如下。

> 也许在你们眼中
>
> 我们还是昨天的孩子
>
> 但今天 我们早已有了
>
> 当家人的样子
>
> 我们越来越习惯当个"顶梁柱"
>
> 从需要别人
>
> 开始变得被人需要
>
> 我们学会了回应你们的爱
>
> 把曾经的被动变为主动
>
> 把普通的日常变得不同寻常
>
> 我们也越来越善于
>
> 超越你们的期待——

从"做梦"的人变成实现梦的人

从被照顾的人变成了

照顾别人的人

我们离家去看更大的世界

也正在把更大的世界带回家乡

你看

被满怀期望称为"后浪"的我们

其实早已闯出了自己的海洋

昨天，我们在宠爱里长大

而今天，我们将要为爱当家

4. 增强可读性

可读性是指故事内容吸引人的程度，以及故事所具有的阅读和欣赏价值。特别是互联网时代，如何将品牌文化故事写得生动有趣，引起受众的共鸣是大部分品牌都在思考的问题。那么，怎样才能增强品牌故事的可读性呢？文案人员可从以下3个方面入手。

- **故事新颖**。新颖的品牌故事能够让人眼前一亮，给人一种醒目的感觉。要让品牌故事不落俗套，充满创意是一种很好的方式。它不仅可以让故事在众多同类型的故事中脱颖而出，还能加深受众对品牌的印象。
- **情感丰富**。故事是否丰满，人物形象是否立体，矛盾是否激烈，情感叙述能否深入人心、引起受众的共鸣，是故事能否打动受众的关键。
- **语言叙述得体**。品牌故事的语言不要使用太专业或具有技术性的词汇，而应该尽量简单、通俗易懂，让受众能够快速明白所讲述的内容。

高手有话

品牌故事写作需注意以下要求：第一，简洁明了，语言精练；第二，主题明确，生动形象；第三，记忆性强，让受众印象深刻；第四，逻辑清晰，架构稳固；第五，陈述带过，点到即止；第六，感情深入，详略得当。

5.3　写作其他品牌文案

除了品牌故事外，常见的品牌文案还包括产品上新文案、热点营销文案、节假日营销文案和公关文案等。这类文案不像品牌故事那样复杂，文案人员更容易上手，且营销效果也不差，可说是文案人员必须掌握的。下面依次介绍这几种文案的写作方法。

5.3.1 写作品牌产品上新文案

推出新产品可以说是品牌的大事，除了开新品发布会以外，不少品牌会选择在微博、微信等平台上发布产品的上新文案，为新产品造势，引起目标受众的好奇与期待，同时在过程中收获受众对品牌及新产品的关注。这种上新文案的写作方法可以是直白地写出新品卖点，引起受众的期待；可以是设置悬念，引起受众的好奇；也可以是对卖点进行创意性的表达，提升受众对新品的好感。

图5-5所示为某女装淘宝店铺在微博发布的产品上新文案，除了上架倒计时外，其产品上新文案中还穿插了对上新单品的介绍和展示，通过一步步揭秘新品，以及发布清新文艺、用词考究的文案，大大地勾起了受众对新品的好感与期待。

图5-5 产品上新文案

5.3.2 写作品牌热点营销文案

热点营销文案的写作方法是将热点的相关元素与目标受众的情感需求、产品卖点相结合，从而达到品牌营销的目的。

例如，作为全国重要的选拔性考试，高考一直是人们关注的重点，也是几乎每年6月的热点话题。在2022年高考期间，某生鲜品牌发布了图5-6所示的一系列高考助威文案，将对莘莘学子的祝愿与其蔬菜水果相结合，组成多个成语，简单又有趣。

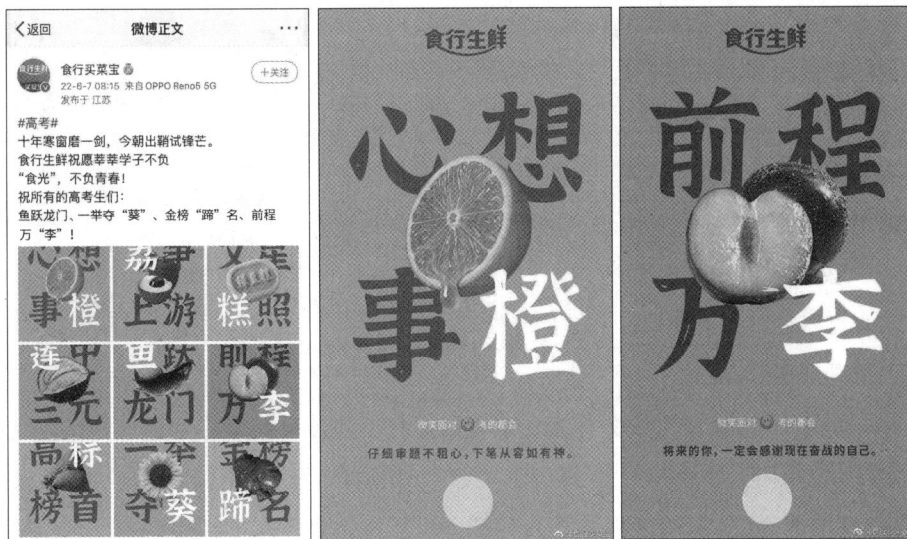

图5-6　热点营销文案

高手有话

　　当然，对热点的追逐并不意味着来者不拒。文案人员要有原则和底线，有较高的职业道德素质，不随意、盲目地利用那些有争议、负面或有不良价值导向的热点，或故意借热点话题写作容易挑起对立、争议的文案，以免影响品牌形象。

5.3.3　写作品牌节假日营销文案

　　不少企业、品牌还会利用受众的节假日心理进行节假日营销，每逢节假日就意味着品牌文案的宣传期又到了。品牌一般会结合品牌形象与具体的节日特点来撰写营销文案，以提高曝光度并加强与受众之间的情感联系。

　　例如，洽洽食品官方微博借元宵节发布的营销文案，其圆圆的果仁既像月亮，又如汤圆，配上花灯元素和"元宵团圆聚，归处即平安"的美好祝愿，整个文案充满创意又简洁精美，如图5-7所示。

5.3.4　写作品牌公关文案

　　品牌公关文案主要针对危及品牌形象或信誉度的事件和情况进行撰写，用以帮助品牌重塑正面形象，重新赢得受众信任。这些危及品牌的事件和情况包括品牌自身发生的不良变化，或者社会上发生的特殊事件对品牌造成的不良影响，并由此导致受众的不安、不信任或不满等。作为危机公关过程中的必不可少的一环，品牌公关文案的写作常按照以下结构进行。

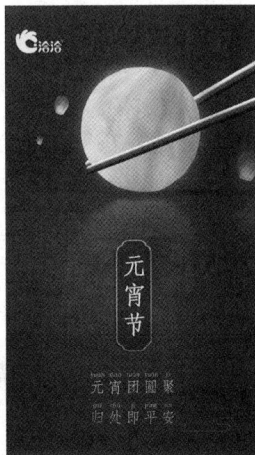

图5-7　元宵节营销文案

① 标题简明扼要，表明回应对象。

② 说明事件起因。

③ 承认过错并诚恳道歉。

④ 表明态度。

⑤ 给出解决方案。

⑥ 表示感谢，再次表明态度。

⑦ 表示诚恳接纳各方建议，并提出愿景。

⑧ 落款并加盖公章。

许多品牌在被"3·15"晚会曝光，或者因原料卫生或环境卫生等招致网络负面评论，引发受众信任危机时，常会按照上述结构，发布一些道歉声明、整改声明之类的公关文案，表明其知错愿改的态度，以重新赢取受众信任。以下为品牌公关文案示例。

×× 针对 ×× 的声明

针对 ××××××××××××× 的问题（事件起因），我们高度重视，并充分意识到自己 ×××××××（承认过错），对给 ×× 带来的困扰，我们表示最真诚的歉意。

×× 一直高度重视 ×××××××××××××××××××（表明态度），对 ××× 指出的问题，×××××××××××××××（简单解释，给出解决方案）。

最后非常感谢你们的监督与批评，我们将 ××××××××（再次表明态度），同时也欢迎提出建议与意见，我们将不断 ××××××××××××，继续 ×××××××××（提出愿景）。

×× （公司）

××××年××月××日

需注意，要想品牌公关文案取得良好效果，一是要及时响应，二是要以理服人，三是要态度诚恳。如果品牌方不存在过错，而是被卷入危机事件中，可按照"说明事件的原因+表达自己的态度+描述现状+提出解决措施+感谢+提出品牌愿景+落款盖章"的格式撰写品牌公关文案。若是品牌方受到了诬陷，则需要及时澄清事实。

高手有话

此外，为了拉近受众与品牌的距离，文案人员还可以发布一些有趣的日常互动与分享文案。例如，发布有关美景、互动问答、福利、受众的使用感受或趣事等的文案，以加深受众对品牌的印象，与受众建立良好关系。

5.4　同步实训——写作木雕工艺类品牌故事文案

【实训背景】

木雕是我国的一种民间工艺，一种以木材或树根为材料的传统雕刻工艺，至今已有上千年的历史。我国木雕主要有四大流派，分别是黄杨木雕、东阳木雕、金漆木雕及龙眼木雕。"匠艺"是一家以黄杨木雕雕刻技艺为依托的工作室，其设立于2017年，以"以木为器，传承木雕手工艺，传播艺术与生活之美"为品牌理念，致力于生产各种木雕创新文化产品，传承木雕工艺。日前，该品牌在淘宝开设了店铺，并计划在店铺设计品牌故事栏目，植入品牌故事，现品牌要求文案人员小爱写作一则品牌故事，展现品牌定位。

【实训要求】

（1）选择品牌故事的写作类型。

（2）整合品牌故事的写作要素。

（3）根据品牌故事文案的写作步骤撰写品牌故事文案。

（4）结合品牌故事的写作技巧斟酌、修改稿件。

【实训步骤】

根据实训要求，本实训可以分为以下步骤。

（1）收集与整理资料。

①"匠艺"是一个新创木雕工艺品牌，相关资料较少，因此，小爱打算先采访"匠艺"创始人，了解其创业经历，挖掘其创业背后的故事。具体如下。

张蔷，匠艺创始人，出生于黄杨木雕的兴起之地——浙江乐清。由于张蔷的叔叔就是木雕爱好者，因此她从小就对黄杨木雕很感兴趣，并跟着叔叔一起制作手工艺品。看着一块块木头经过自己的雕琢变得有生命、意义，张蔷感到无比有趣、快乐。因为对黄杨木雕的喜爱，张蔷大学学习了美术专业。毕业后，她与毕业于非遗传承与保护专业的堂弟一起，建立了"匠艺"工作室，并吸纳了自己的大学同学与在非遗传承人研修班认识的年轻人一起作为联合创始人，设计木雕创新工艺作品，如木雕手包、木雕唐风人偶、木雕十二生肖摆件等，以传承和弘扬我国传统木雕工艺，传播艺术与生活之美。

②"匠艺"以黄杨木雕雕刻技艺为依托，因此小爱打算再了解黄杨木雕的历史发展。根据调查，小爱发现黄杨木雕有历史传说故事，如下所示。

相传，黄杨木雕由清末一个名叫叶承荣的放牛娃发明。叶承荣是浙江乐清县人。一天，他在村头的一座庙里玩耍，看到庙内有一个老人正在塑佛像，他一下子被老人的技艺所吸引。他索性跑出庙外，将牛拴在树上，挖来了一块很有黏性的泥巴，坐在庙的门口，偷偷地学着堆塑。老人是当地一位很有名气的民间艺人，看到叶承荣聪明好学，就将他收为徒弟，教他圆塑、泥塑、上彩、贴金及浮雕等5种技艺。叶承荣进步很快，一年后，就掌握了这种技艺。一天，叶承荣在乐清县宝合山紫霞观塑像，观中人折来一根黄杨木，请他用黄杨木雕一支如意发簪。在雕刻的过程中，叶承荣发现黄杨木木质坚韧、纹理细腻、有光泽，是用于雕刻的好材料。从此，他开始用黄杨木雕刻作品。就这样，黄杨木雕工艺诞生了。

③ 由于历史传说可以增强品牌的文化底蕴，体现工艺传承，因此小爱打算以历史传说为主，结合"匠艺"品牌的发展起源撰写一个历史型的品牌故事。

（2）提炼并确定主题。

小爱在整理了资料之后，发现品牌创始经历主要是对传统黄杨木雕工艺的传承、创新和传播，符合品牌"以木为器，传承木雕手工艺，传播艺术与生活之美"的品牌理念。因此确定主题为传承与传播。

（3）撰写初稿。

根据黄杨木雕的发展起源和品牌的创始经历，小爱归纳了以下的品牌故事写作要素。

背景：据悉，黄杨木雕起源于清末浙江乐清一个名为叶承荣的放牛娃。

细节：叶承荣被村头庙内一个塑像的老人吸引；叶承荣挖来一块有黏性的泥巴偷偷照着学；叶承荣塑像时发现观中人折来的黄杨木适合雕刻。

结果：为了传承黄杨木雕传统工艺，传播艺术与生活之美，同样出生于浙江乐清的张蓍决定建立"匠艺"工作室，设计更多有关黄杨木雕的创新工艺作品。

（4）斟酌、修改稿件。

简单整合这些要素写作出来的品牌故事稍显生硬，需要拓展和筛选，这时可以结合品牌故事写作技巧修改稿件。例如，通过通俗得体的语言，以传说为切入点的故事，以及对创业背景的描写等，彰显品牌建立的初心，树立良好的品牌形象。

（5）定稿。

最后可以得到一个简单的品牌故事文案，其具体内容如下。

相传，黄杨木雕是清末一个名叫叶承荣的放牛娃发明的。叶承荣是浙江乐清县人。一天，他在村头的一座庙里玩耍，看到庙内有一个老人正在塑像，他一下子被老人的技艺所吸引。他索性跑出庙外，将牛拴在树上，挖来了一块很有黏性的泥巴，坐在庙的门口，偷偷地学着堆塑。老人是当地一位很有名气的民间艺人，看到叶承荣聪明好学，就将他收为徒弟，教他圆塑、泥塑、上彩、贴金及浮雕等5种技艺。叶承荣进步很快，一年后，就掌握了这种技艺。

一天，叶承荣在乐清县宝合山紫霞观塑像，观中人折来一根黄杨木，请他用黄杨木雕一支如意发簪。在雕刻的过程中，叶承荣发现黄杨木木质坚韧、纹理细腻、有光泽，是用于雕刻的好材料。从此，他开始用黄杨木雕刻作品。就这样，黄杨木雕工艺诞生了。

同样出生于浙江乐清的张蔷从小醉心于黄杨木雕，2017年，她联合一些以传承并创新非遗文化为目标的年轻人共同建立了专注黄杨木雕刻的手工艺品牌——匠艺。品牌以木为器，致力于生产各种木雕创新文化产品，以传承和弘扬我国传统木雕工艺，传播艺术与生活之美。目前，品牌已设计许多创新木雕产品，如木雕手包、木雕唐风人偶、木雕十二生肖摆件等。

5.5　思考与提高

1. 简述品牌名称和口号的写法。

2. 品牌故事有哪几种类型，阐述它们的写作方法。

3. 品牌故事包含哪些写作要素，有哪些写作技巧？

4. 图5-8所示为某食品品牌的品牌故事，请谈谈其品牌故事属于什么类型，及其写作思路。

> 徐春乔同志生于1947年5月，祖籍江苏丹阳，出生于乌镇，求学于乌镇植材小学、乌镇中学，1964年初进入桐乡食品公司乌镇食品站工作。初从事生猪屠宰、收购工作，徐春乔同志因工作出色，被上级任命为乌镇食品站副站长，负责整个食品站的工作。因形势条件所限，一直到1989年才又一手操办将"三珍斋"酱鸡厂复业，并亲自担任厂长，"三珍斋"老店得以重新开张营业。1992年"三珍斋"酱鸡厂扩大规模与外商合资成立嘉兴三珍斋食品有限公司，徐春乔同志一直担任董事长兼总经理至今，使"三珍斋"的传统技艺得以传承光大。"三珍斋"延续了三个世纪的这棵老树又焕发了新的生命，企业2016年实现销售4.5亿元，利税3000多万元，产品销往全国各地。

图5-8　某食品品牌的品牌故事

提示：分析品牌故事即可，主要是考验读者对品牌故事不同类型的理解。

5. "竹叶青"是一个高端茶叶品牌，其产品如图5-9所示。若你需要为其写作与夏至相关的品牌文案，你会如何设计？请谈谈你的思路。

图5-9　"竹叶青"产品

提示：将夏至元素与品牌或产品结合即可。例如，夏季的景色图，搭配"夏至"及与茶有关的文案，底下配品牌产品图片、设计的品牌口号、商城或微信公众号的二维码图片等。

第6章

写作微信文案

学习目标

- 掌握微信朋友圈文案的写作方法。
- 了解微信公众号文案的组成。
- 能够写作微信公众号文案。
- 能够写作微信视频号文案。

素养目标

- 要有版权意识，既要尊重他人的版权，又要维护自己的版权。
- 培养观察生活、体会生活的能力，提升共情能力。

案例导入

微信是基于智能移动设备而产生的主流即时通信软件之一，平台内拥有巨大的流量，截至2022年3月31日，微信及WeChat的合并月活跃账户数达到12.883亿。近年，随着微信小程序、视频号等功能的开发，微信作为当今流行的移动互联网入口，无疑成了商家营销的最佳选择之一。许多企业、品牌均开通了企业微信、微信公众号和视频号，并利用微信朋友圈、公众号和视频号等发布营销文案，打造和营销品牌。

图6-1所示为某女装店铺发布的微信公众号文案，以向其粉丝推广近期上新的产品。该微信公众号文案标题以幽默俏皮的口吻传达了上新主题，并提示有福利，吸引受众观看；正文则围绕主题，运用丰富的文字和图片详细介绍了新品。文案中的文字居中排版、间距适宜，图片精美、排列整齐，整体排版清新淡雅、和谐美观。

图6-1 女装店铺微信公众号文案

对于文案人员来说，微信文案的写作是必须掌握的。常见的微信文案包括微信朋友圈文案、微信公众号文案和微信视频号文案，只有能灵活写作这些微信文案，才能更好推动品牌在微信渠道开展的营销工作，促进营销目标的实现。

6.1 写作微信朋友圈文案

朋友圈是微信的主要功能之一，可用于分享各种个性化的内容。由于微信朋友圈流量巨大，因此许多商家都将其作为重要的营销渠道，通过写作微信朋友圈文案完成推广、宣传工作。一般来说，文案人员可直接在微信朋友圈中介绍产品进行推广，或为产品、品牌树立良好形象，增强营销效果。

6.1.1 微信朋友圈文案的写作方法

相比于微信公众号，微信朋友圈更加私人化，在微信朋友圈中发布文案要注意策略，不能随意地天天"刷屏"，这样很容易引起受众的反感，得不偿失。因此，发布的微信朋友圈文案既要有可看性，又要实现营销目的，这就需要文案人员掌握如下写作方法。

1. 直接展示

对于商家来说，最重要的还是推销产品，因此直接展示产品信息的文案在微信朋友圈中并不少见。文案人员可以适当地在微信朋友圈中发布产品上新信息、产品详情信息、促销活动或发货情况等。但注意不能太频繁，一天1～2次为佳，这样的分享也会刺激一些潜在受众产生购买兴趣。

图6-2所示为某手作饰品品牌在朋友圈发布的某耳饰单品详细信息文案。

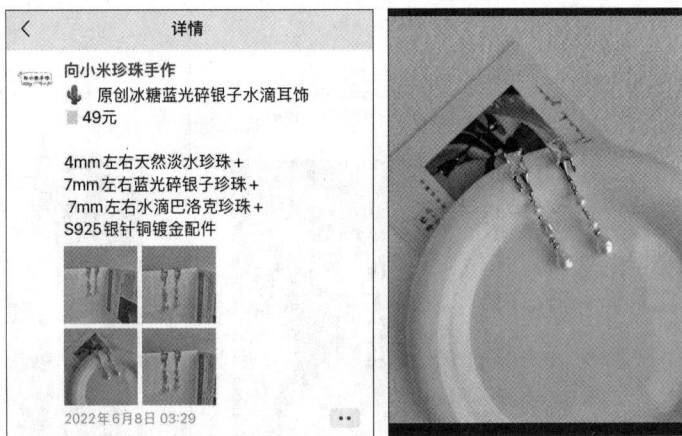

图6-2　直接展示的微信朋友圈文案

2. 生活分享

文案人员在为电商企业或品牌撰写微信朋友圈文案时，要知道，微信朋友圈中的好友很多都是目标受众，但有的连面都没见过，所以可以在微信朋友圈中分享生活中的幸福时光和趣事，不要一味地推销产品。另外，文案人员也可以在生活化的微信朋友圈文案中融入自己的产品，但不要太过生硬，用一种自然而然的方式，让受众在真实生活中了解和感受产品，加深其对产品的印象，提高其购买兴趣。

图6-3所示为某图书品牌的文案人员在微信朋友圈发布的生活分享式文案。前者纯分享美景，充满生活气息，有助于拉近与受众的情感距离；后者则分享出游经历，并在其中自然地融入与该地相关的本品牌产品，不易引起受众反感。这些表达方式文案人员是可以采纳、学习的。

图6-3　生活分享式微信朋友圈文案

📋 高手有话

> 此外，文案人员还可以分享一些经历、感悟或感受等，传递有趣、积极、快乐、向上的情绪，这也有助于加深受众对自己的个性化印象，但这类文案的发布次数不能过多，否则达不到营销推广的目的。

3. 热点分享

热点信息能更容易赢得受众的关注，热点分享式微信朋友圈文案的写作通常要求文案人员能及时关注当前的热点事件，并能尽量将其与要推广的产品或品牌相结合。这种与时俱进的文案容易使受众产生新鲜感，让其在关注热点的同时关注到文案人员所推广的产品或品牌。图6-4所示为借助大暑这一节气发布的微信朋友圈文案，借助节气的热度吸引受众观看。

图6-4　热点分享式微信朋友圈文案

4．消费评价分享

在微信朋友圈推广、销售产品时，文案人员可以分享一些其他受众的使用感受或反馈图，建立产品或品牌的好口碑。图6-5所示为某手作饰品品牌在微信朋友圈中分享的消费评价，这种受众对产品品质表示好评的消费评价可以增加微信朋友圈中其他受众对产品的好感，从而促进产品的销售。

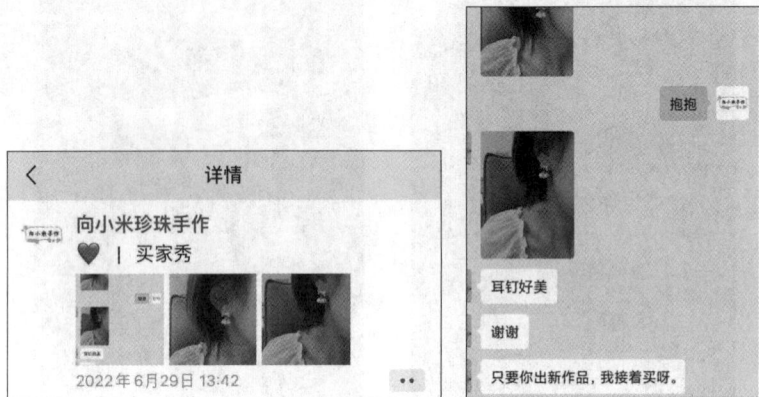

图6-5　消费评价分享式微信朋友圈文案

5．专业知识分享

作为一个在微信朋友圈营销产品的文案人员，需要有非常专业的产品知识，因为没有人愿意买连产品都介绍不清楚的人的产品。此外，在微信朋友圈分享专业知识，如使用方法、使用技巧或产品功用等，有助于文案人员树立专业的形象，并加深受众对产品的认识和信任感。对于一些乐于了解新知识的受众来说，这些内容还有助于满足其求知欲和学习欲。

图6-6所示为某女装店铺的微信朋友圈文案，其根据受众的咨询内容，对产品所采用面料的相关知识进行了专业说明。

图6-6　分享专业知识的微信朋友圈文案

6．话题互动

话题互动有助于增强受众黏性，文案人员可以直接在微信朋友圈中发表一些互动性比较强的话题，让受众参与讨论。互动的话题可以与品牌或产品相关，有一定的宣传力度与实用价值。如图书品牌，可以选择最近读了什么书的话题；美妆品牌，可以询问受众喜欢的本品牌产品是什么，或者想参加什么新品活动、想要什么新产品等，并可以适当地诱之以利，以提升受众的参与积极性。

文案人员还可以号召受众去本品牌其他渠道的文案下评论、转发或加入某社群等，将朋友圈的受众"引流"至本品牌的其他营销渠道。图6-7所示的微信朋友圈文案既采用提问的方式给出了话题，又分享了产品并提供了品牌社群的二维码。图6-8所示的则是"引流"至微博进行互动的微信朋友圈文案。

图6-7　给出话题并提供社群二维码的文案

图6-8　"引流"至微博互动的文案

高手有话

若微博、电商平台或其他渠道发布了活动或有用内容，文案人员可将其转发至微信朋友圈，不仅可以提升活动或内容的影响力，还可有效丰富微信朋友圈文案内容。另外，由于微信对不少受众来说是比较私密的领域，许多人不愿意在微信朋友圈看到太多广告，因此有些文案人员有时会直接提供一些福利，并设置简单的参与门槛，如点赞该朋友圈等，以加强互动，提升受众的好感，如图6-9所示。

图6-9　提供福利的微信朋友圈文案

6.1.2　微信朋友圈文案的写作注意事项

文案人员在写作微信朋友圈文案时，应注意以下写作事项。

- 应站在受众的角度思考。文案人员应当考虑受众喜欢什么，反感什么，才能写出符合受众"胃口"的文案。另外，文案人员写好文案后最好思量一下"我作为受众，看了这条朋友圈是什么感觉"，并据此进行修改。

- 朋友圈文案应尽量精简，保持在120字以内比较合适。文字太长会被折叠，被看完的可能性比较小。

- 在写作时要注重图文的结合。特别要善用图片，如果文案中只有文字，内容难免稍显单调。

- 运用生动形象的语言。流行词汇的运用有时候会增加文案的趣味性，使文案更有吸引力。

- 不要频繁发布微信朋友圈文案。不管是哪种类型的信息（尽管不是和产品有关的），如果文案人员频繁地在微信朋友圈发布，会引起受众的反感，甚至被拉进黑名单。

高手有话

　　在微信朋友圈营销时，需先找到目标受众的共同所需点，然后针对所需点找到合适的解决方法。在这个过程中，要注意给受众留下良好的印象，再通过对这些所需点的描述为后续的成交埋下伏笔。只要得到受众的认可，产品的销售指日可待。

6.2　写作微信公众号文案

　　微信公众号是企业或品牌在微信公众平台上申请的应用账号，也是企业或品牌的文案人员在微信的营销"主战场"。通过微信公众号，文案人员可向已关注账号的受众推送包含文字、图片、语音、视频或小程序等的文案，通过文案内容来吸引受众，巩固受众对品牌的忠诚度，不断提升品牌影响力，促进营销推广工作的顺利完成。

6.2.1　微信公众号文案的组成

　　根据一次发布文案数量的不同，微信公众号文案可分为单图文文案（见图6-10）与多图文文案（见图6-11）。不管哪一种类型的微信公众号文案，基本都由4部分组成，即封面图、标题、摘要、正文。其中，多图文文案由于文案数量更多，基本仅显示文案标题与封面图，而正文通常在受众点击该图文后出现。

图6-10 单图文文案

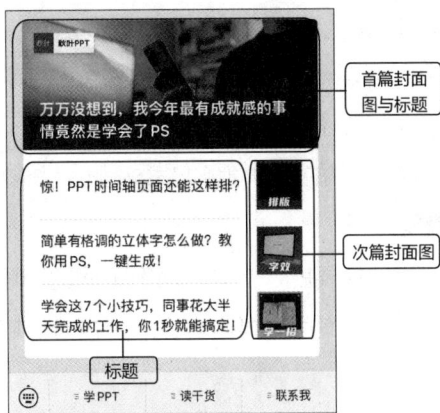

图6-11 多图文文案

1. 封面图

封面图起到吸引受众视线的作用，因此一般要求图片精美，与内容有一定关联，并能引发受众的阅读兴趣。微信公众号文案的封面图按规格可分为两种：第一种是单图文文案封面图和多图文文案首篇封面图，其长宽比为16∶9，图片像素建议为900px×500px，格式支持JPG、PNG和GIF，大小不超过5MB；第二种是多图文文案次篇封面图，其长宽比为1∶1，图片像素建议为200px×200px。

为了优化封面图的展示效果，文案人员可以着重设计单图文文案封面图和多图文文案首篇封面图。例如，选择设计好的海报，或者添加充满设计感的文字，揭示主题或卖点等，如图6-12所示。

多图文文案次篇封面图尺寸较小，其图片只要简单、直观即可。若多图文文案推送的内容分为不同系列，可以为每个系列设计对应风格的图片，或统一各系列风格，设计样式相同的封面图。图6-13所示为统一风格的封面图。

图6-12 设计感强的封面图

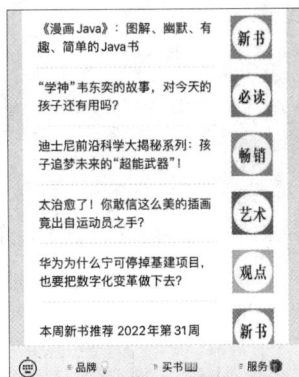

图6-13 统一风格的封面图

为了表达个性，封面图也可以使用一些趣味性、带有独特标志的图片，如个人独特的形象图或品牌Logo、标签图等。

2. 标题

除封面图外，好的标题也能够吸引受众对文案的阅读兴趣。微信文案标题的写作方法包括提问式、直言式等，同时可结合"|""——""【】"符号和话题等元素进行优化，具体内容可参考第3章中的移动商务文案标题的写作方法。

3. 摘要

微信文案的摘要就是文案封面图下面的一段引导性文字。在手机屏幕范围内，它可以快速引导受众了解文案的主要内容，或提出具有吸引性的问题，吸引受众点击文案，增加点击量和阅读量。

一般来说，设置好的摘要在单图文文案中会显示，多图文文案中则不会显示，但当某篇多图文文案被单独分享出去后，其摘要将被显示。若不设置摘要，摘要位置则会自动显示文案正文的前几句话，这就浪费了摘要的作用，因此文案人员应注意设置摘要。

文案人员写作摘要时，可根据正文内容设置一句简洁的话，如揭示文案有惊喜、优惠，或体现主旨的一句话等，紧扣主题或与标题呼应即可。图6-14所示为某推广羽绒服的微信公众号文案正文和摘要的显示情况，该文案设置了一句简单的摘要，号召受众前往线下门店了解、选购产品，与标题相呼应，向受众清晰传达了文案意图。

图6-14　某微信公众号文案的正文和摘要

4. 正文

微信公众号文案在通过标题引起受众的关注后，还需要用优质的正文内容来打动受众。一般来说，微信公众号文案主要有原创和转载两种模式，原创难度较大，但受众的忠诚度更高。微信公众号文案正文的写法可以参考第3章中的相关内容。转载则相对简单，直接发布取得授权的原微信公众号内容并标明文案出处即可。

高手有话

> 文案人员要有版权意识，既要尊重他人文案的版权，也要注意保护自己原创文案的版权不受侵犯。

6.2.2 微信公众号文案的写作技巧

微信公众号文案要吸引受众的关注和阅读兴趣，就要讲究一定的技巧，文案人员通常可以从内容、图片和排版3个方面入手。

1. 内容要满足受众需求

要想依靠微信公众号文案吸引受众阅读甚至产生转化效果，就应当从受众需求入手进行内容的策划与定位。文案人员可以从不同角度挑选出最适合的选题，如行业热门消息、名人视角、群众视角、有内涵的企业文化、生活实用技巧、生活感悟、产品福利活动等，以此吸引受众，使受众主动分享和传播内容，为微信公众号吸引更多属性相同的高质量受众。

例如，某旅游公司的微信公众号文案，就从喜欢出门旅游的受众需求出发，撰写风景优美的旅游景点、城市周边户外游、假日旅游路线和免费景点推荐等类型的内容。

高手有话

> 文案人员可以在微信公众号文案正文中添加链接。链接的内容可以是往期的优质文案，以带动受众点击链接增加其他文案的阅读量，这类链接一般适合放在文前或文末；也可以是与文案内容有关联的其他说明或补充内容，如产品链接或店铺主页链接等，其一般适合放在文中。

例如，某经营乐器的店铺，其微信公众号文案就是从受众感兴趣的乐器教学出发，迎合了受众——乐器爱好者的需要。通过在免费的教学视频中植入乐器的广告，让受众在观看视频时关注到教学老师所使用的乐器，从而通过文案提供的链接，引导受众前往店铺下单。其文案如图6-15所示。

图6-15 满足受众需求的微信公众号文案

2. 配图要适当

在微信公众号文案里，图片和文字必不可少，二者相辅相成，缺一不可。因此，除了保证高质量的文案内容外，文案人员还可以选择美观且合适的图片，提升微信公众号文案的整体质量。微信公众号文案中的图片应满足以下要求。

① 图片清晰美观。微信公众号文案应当尽量使用分辨率高的、美观的图片，否则会让观看的受众产生不适感。另外，图片还应当与文案主题或描述的内容相关。

② 辅助文字表达。在文案中配图可以增强内容的表达效果，使传达的信息更加直观、丰富。尤其是在引用一些数据或者描述个别真实事件时，若缺少图片的佐证，其内容的真实性就会下降。

③ 图片适量、适当。微信公众号文案文字体量较大，如果不配图，可能会使受众觉得单调、枯燥，失去继续阅读的欲望，因此文案人员需要在文字间插入适量、适当的图片，以缓解受众的阅读压力，提升其阅读体验。

④ 图片不能破坏内容的连贯性。一般情况下，微信公众号文案中的图片建议放在描述内容的上方或下方。另外，不要在两个段落中间添加过多的配图，否则容易影响阅读的连贯性。

⑤ 图片尺寸合适。过大的图片会使受众打开文案的速度变慢，也容易占用空间，影响阅读体验；过小的图片会使文案内容展现得参差不齐，影响美观。

3. 排版要美观

如果微信公众号文案看起来简洁、大气、美观，就更容易引起受众的关注。实际上，微信公众号文案本身就是一种产品，而排版就是产品的视觉传达方式。美观的排版，可以提升受众的整体阅读体验。一般情况下，微信公众号文案的排版可以从配色和版式两个方面入手。

（1）配色

配色是影响排版的重要因素之一，有代表性的配色有助于微信公众号形成专属风格，提高辨识度。在配色的选择上，建议文案人员选择与企业或品牌相关的颜色，如果没有品牌色，也可以选择统一的颜色作为微信公众号的代表色，且尽量使用温和的颜色。如果文章中需要插入图片，文字颜色也应该与图片相匹配，使整体协调。

另外，一般建议文字的字体控制在2～3种，颜色最好不超过3种，以淡色调为主，且使用同色系颜色。

（2）版式

为了保证版式的美观，文案人员在设计版式时，应当遵循对齐、对比和统一的原则。

- **对齐**。对齐主要包括左对齐、右对齐和居中对齐3种形式，默认一般为左对齐，可以根据内容需要选择合适的对齐方式，也可组合使用。
- **对比**。对比主要指标题与正文的对比、重点内容与普通内容的对比。对比可体现标题、正文、重点内容的差异，使文案更加有条理。
- **统一**。统一指排版样式统一，包括正文内容字体样式一致、重点内容字体样式一致、行距一致、风格一致等。

在具体的排版设计中，还需要注意以下事项。

① 行间距为行高的50%。

② 文案边缘对齐，及时调整段落宽度、间距。

③ 段首不必缩进，大段文字的段落间应空一行。

④ 将需要强调的内容放大或设置不同的字体，适当地搭配相应色彩。

⑤ 文案版面不花哨，排版主次分明，结构层次清晰。

高手有话

> 为了保证微信公众号文案的推广效果，文案人员应有主动探索和观察的意识，分析目标受众在微信朋友圈或公众号的活跃时间，或者受众比较空闲的时间。一般而言，文案人员应在受众上下班途中或午休时间、晚饭后等时间发布微信文案，大约为8:00～9:30，11:30～13:30，17:00～18:30，20:00～24:00这4个时间段。

6.3　写作微信视频号文案

微信视频号是一个以视频和图片形式来记录和创作的平台，可供用户通过一则短视频或1～9张图片分享生活、展现自我，而这些创作形成的内容就是视频号文案。

6.3.1　认识微信视频号

微信视频号是微信生态的战略级产品，主要目的是连接人、内容和生意，这主要体现在微信视频号可以通过社群、微信朋友圈和微信公众号等地域场景"引流"，引导受众关注微信视频号、微信公众号或企业微信，或通过微信视频号连接小商店、小程序等，引导受众查看、交易。微信视频号目前汇聚了许多垂直领域的内容创作者，覆盖了各行各业的品牌、媒体和企事业单位。

微信视频号入口在微信发现页"朋友圈"选项入口下方，点击即可进入微信视频号主页面，此时短视频内容将自动循环播放，受众可以上滑或下滑手机屏幕切换不同的短视频，也可以在短视频上点击相关标志，点赞、分享或评论微信视频号内容。微信视频号文案由一段文字描述和图片或视频组成，文字主要辅助图片或视频的表达，如图6-16所示。

通过微信视频号发布的内容需要符合规范，一般视频要求上传的时长不超过1小时，大小不超过2GB，格式为MP4或H.264；图片则最多能够上传9张。不管是图片还是视频，微信视频号的尺寸是1080px×1230px，不符合该尺寸的会被自动剪裁，可能导致视

图6-16　微信视频号文案

频内容不完整。

　　微信视频号内容丰富，涉及才艺、美食、美景、技能、知识输出、信息普及、情感等多方面，文案人员最好根据账号定位或目标受众，创作垂直领域的视频内容，持续输出高质量的文案。对于企业或品牌而言，其视频内容既可以是与品牌相关的，用于发布宣传片或品牌故事等，也可以是与发布的产品有关的内容，如产品介绍、新品推荐、促销活动、门店"引流"等。微信视频号文案有利于企业或品牌的营销宣传工作，拉近与受众的距离。

6.3.2　微信视频号文案的写作技巧

　　做好微信视频号文案的关键是生产优质的内容。掌握以下技巧，文案人员可以持续、快速地产出较高质量的微信视频号文案。

1. 紧跟账号定位做原创

　　对受众来说，原创的作品更具有吸引力，因为受众并不喜欢重复刷到相同的内容，尤其对品牌账号而言，原创内容更容易建立独特的品牌形象，避免版权纠纷，尤其是在输出一些知识性内容时，要注意坚持原创，不能照搬他人的知识。在借势某热门视频话题时，也不能直接搬运他人视频，而要加以改编，加入自己的观点。

　　一般来说，文案人员选择什么领域，就可以做这个领域的受众关注的原创。以旅行类为例，文案人员可以写作旅行故事、旅行攻略、旅行穿搭、旅行注意事项、旅行日志、旅行团队等相关的原创内容。

2. 内容主题突出

　　主题是文案的生命线，微信视频号文案也是如此，写作微信视频号文案切忌全而不精，要抓住一两个亮点。另外，还要用简短的文字突出微信视频号文案的主题，让受众一眼就知道文案主要内容，以免浪费受众的时间。图6-17所示为小米手机的微信视频号主页，页面中的3个短视频分别围绕爷爷的照相馆、东北虎豹国家公园巡护员和独立摄影师制作，由小米手机拍摄。其视频封面直接用较大的字号、简短的文字"爷爷的照相馆""明知山有虎""摄影师手记"突出了文案重点和主题。

图6-17　微信视频号文案

3. 善用"3+4+3"公式

　　为了打造有吸引力的短视频内容，文案人员可以尝试"3+4+3"公式的写法。

- **第一个"3"指黄金3秒，即在开头3秒内吸引受众关注。**文案人员可以直接将短视频的冲突、情绪、高潮等放在开头，吸引受众停留，如开头直接阐述谁做了什么，或介绍主角的身份、提出疑问等。例如，小米手机"爷爷的照相馆"文案开头就介绍了主角的身份，营造了一种故事感；而"明知山有虎"文案则以"「爱」与「怕」，可以并存吗？"的提问开头，吸引受众观看。两个文案的截图如图6-18所示。

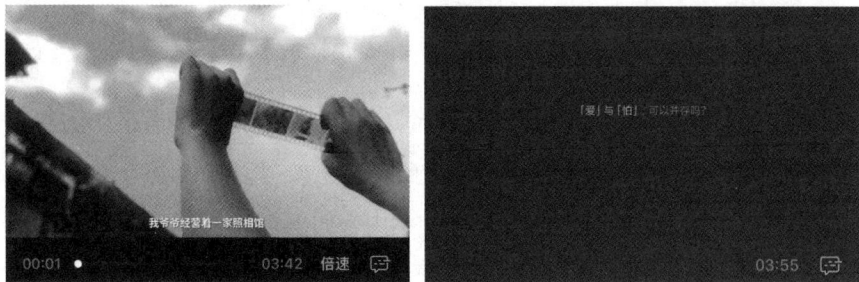

图6-18　微信视频号文案开头

- **"4"指的是从文字、画面、剪辑、口音4个维度来增加评论点。** 其中，文字用于阐述主题；画面和剪辑则用于在视觉设计上吸引受众，如在画面背景、剧情中植入产品，制作酷炫的转场效果等；口音则指方言，用于增加文案的趣味性，放在一些宣传片、写实性的Vlog和趣味搞怪的视频中可以增加亮点。

- **后一个"3"指灵活运用3种独特的结尾，营造短视频的氛围感。** 一是引导式结尾，通过简短的一句话"关注我，带你认识更多平价好物""喜欢的话，点个爱心"，或一个话题等，直接引导受众关注、收藏、点赞和评论；二是反转式结尾，通过设计一个与开头的铺垫不一样的结局，增强视频的精彩程度，这是平铺直叙难以达到的效果；三是共鸣式结尾，主要是在结尾加入总结性的文字表达感悟等，引发受众的思考与联想，可以丰富短视频的内涵，这在故事类短视频和传达理念的短视频中比较常见。

高手有话

> 引起共鸣并不是只能通过文字实现，细节性的画面和事物等也容易引起受众共鸣，渲染某种情绪。这要求文案人员善于观察生活、体会生活，提升共情能力，这样才能写出动人的文案。

6.4 同步实训

6.4.1 写作单鞋的微信朋友圈文案

【实训背景】

"步庭文艺女鞋"是一家淘宝女鞋店铺，主要售卖女士凉鞋、拖鞋、单鞋、运动鞋等。步庭淘宝店铺近期新上架了4款单鞋，受众在上新三天内购买可获得立减50元的优惠。为了促进受众购买，店长要求文案人员小伟写作一则微信朋友圈文案，并发布在微信朋友圈中。

【实训要求】

（1）写作直接展示的微信朋友圈文案。

（2）将写好的微信朋友圈文案发布在微信朋友圈中。

【实训步骤】

根据实训要求，本实训可以分为以下步骤。

（1）写作直接展示的微信朋友圈文案。

一般上新消息都能给受众带来新鲜感，因此新品上架可以直接展示关于产品上新的消息，并展示产品图片和优惠信息。小伟撰写的文案内容如下。

> 夏天必须要来几双好看的单鞋！没错，8月新品来啦，赶快来看看！超软超舒服的鞋底，走路无负担。现在新品上架，购买即可享受立减50元的优惠，入手只要100元左右。活动时间仅3天，8月8日23点59分截止，买了不后悔！

（2）发布微信朋友圈文案。

确定好发布的文字内容后，小伟便挑选了4张精美的单鞋图片，准备将图片和文字一起发布在微信朋友圈中，如图6-19所示。此外，小伟还计划将4款单鞋的网址复制到评论区，方便受众直接点击链接后跳转至店铺购买。

单鞋图片

图6-19　发布微信朋友圈文案

6.4.2　写作单鞋的微信公众号文案

【实训背景】

为了促进这批新品的销售，店长让小伟再发布一篇微信公众号文案，详细介绍各产品的设计、细节等，以吸引广大受众购买。

【实训要求】

写作上新主题的微信公众号文案，写作时要结合受众需求，并注意图片美观、版面和谐统一。

【实训步骤】

根据实训要求，本实训可以分为以下步骤。

（1）设计微信公众号文案内容。

微信公众号文案内容有4个部分，就封面图而言，由于是产品上新，因此封面图可以是一张美观的单鞋图。考虑到内容要满足受众需求，小伟计划标题、摘要和正文都从广大受众普遍具有的实惠心理出发，介绍受众可以获得的好处。在标题方面，小伟准备采用直言式，并结合数字和符号"|"，将标题命名为"步庭 | 8月上新单鞋88元起，超优惠！"。摘要则直接点明主旨，告诉受众文案的主要内容，内容为"上新直降50元，买了不后悔系列"。正文则为三段式结构，开头通过夏天穿鞋的情景引入单鞋，然后围绕上新单鞋分点阐述卖点，最后说明活动期限，增加购买的紧迫感，号召受众做出购买决策。

（2）结合配图和排版优化微信公众号文案效果。

① 图片。小伟选择了精美的单鞋全图置于单鞋介绍前，辅助对单鞋卖点的描述。此外，小伟还准备选择两三张细节图，以展示单鞋细节。

② 排版。由于产品整体风格属于简约风，因此配色可以选择浅豆沙色、浅绿色或浅灰色等温和的颜色。最终，小伟决定将小标题底纹设置为浅豆沙色，价格底纹设置为浅灰色。版式上，小伟则把介绍产品的文字设置了居中对齐，然后加大、加粗了部分文案，如产品名、优惠价，并适当调整段落间距等。为了整体版面美观统一，小伟还将细节图排列得尺寸相当、高度大体一致，整个版面非常整齐、美观、和谐。微信公众号文案的整体效果如图6-20所示。

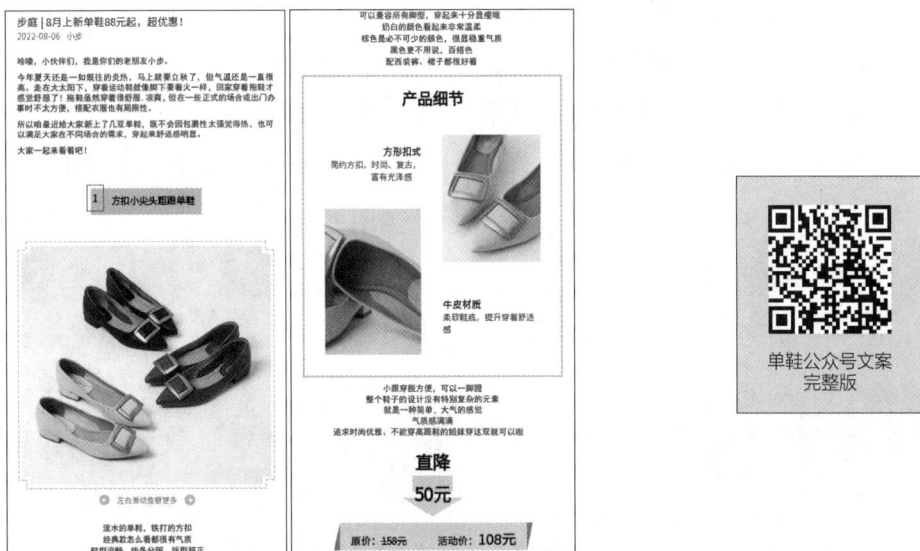

图6-20　微信公众号文案整体效果

图6-20　微信公众号文案整体效果（续）

6.5 思考与提高

1. 简述专业知识分享式微信朋友圈文案的写法，并举例说明。

2. 微信公众号文案由哪些部分组成？

3. 结合本章所学知识，谈谈你认为微信视频号文案的写作需要注意哪些技巧。

4. 随着2022年北京冬季奥运会的成功举办，人们对冰雪项目爆发出极大的热情。"雪乐"是一家室内滑雪场馆，在某团购App销售单人和多人的滑雪、娱雪票。其中，初级滑雪票3小时320元/人；中级滑雪票工作日2小时680元/2人，2小时1020元/3人，非工作日同等价位增加79元。娱雪项目包括冰上自行车、冰湖、雪地足球、雪地坦克、冰上碰碰车等，非工作日不限时间娱雪票售价180元/人，工作日2小时200元/人。现"雪乐"打算在微信朋友圈发布一篇消费评价分享式的推广文案，试为其撰写文案内容。

提示：文案要体现受众好评，好评最好凸显其良好的滑雪或娱雪项目体验。

第7章

写作短视频与直播文案

学习目标

- 了解常见的短视频平台。
- 掌握短视频文案的组成部分。
- 能够写作短视频脚本。
- 熟悉直播话术。
- 能够写作整场直播文案、单品直播脚本和直播预告文案。

素养目标

- 认识短视频、直播电商行业发展新业态。
- 依法依规开展直播，规范网络直播盈利行为。

案例导入

2022年6月，"新东方直播"等话题冲上多平台热搜榜，新东方一度成为热点话题。直播视频中，新东方教师双语"带货"的独特直播方式、优美的直播辞藻，使新东方"东方甄选"直播间人数爆满。凭借直播，培训行业新东方品牌，成功迈入了直播"带货"转型之路。

新东方的爆火，很大一部分原因在于其主播使用散文诗一样的直播文案。例如，某主播在介绍图书产品和某蓝莓汁产品时，使用了如下文案，自然地完成了两款产品的过渡。

> 我前几天躲在家里不方便出门的时候一晚上就看完了，看完后觉得不够，睡起来再看第二遍。我热血澎湃，现在就想去一次大兴安岭。我想去看一看那里的山林，我想感受那里的清泉，我甚至想去看一看苔藓长什么样子，我想摸一次驯鹿的角，我想跟那里的人有一次亲切的交谈。我想带你去品尝大兴安岭深处、清晨沾满露珠、表皮有一层白霜的野生蓝莓。

该直播文案运用了各种场景化的描述，画面感强，语言优美生动，带给受众身临其境的直播体验。此外，该直播中还加入了英语知识的讲解，让受众在观看直播的同时学习有用的知识。

优秀的直播文案让"东方甄选"直播间广受关注，截至2022年7月27日，"东方甄选"抖音直播账号的粉丝数超过2329万人，并成为抖音直播平台6月唯——个销售额破6亿元的直播间。

在移动互联网时代，不管是直播还是短视频，都是受众感兴趣的领域，也是企业或品牌营销推广的重要载体。文案人员要掌握短视频和直播类文案的写作，助力品牌在抖音等平台的营销，促进品牌影响力的扩大。

7.1 认识短视频文案

短视频通常指网络中播放的、适合在移动状态和短时休闲状态下观看的时间较短的视频内容，短视频文案则指以短视频为主要形式的一种广告文案。相比图文类文案而言，短视频文案表现方式更加直观且具有冲击力，节奏快，能满足受众碎片化的信息需求，互动性和社交属性强。因此，短视频获得了许多受众的喜爱，短视频文案也被众多企业或品牌所青睐。

7.1.1 常见的短视频平台

抖音、快手、小红书等都是当前主流的短视频平台，其功能类似，文案人员可根据输出内容与目标受众的定位来选择合适的营销平台。

1. 抖音

抖音是一款音乐创意短视频社交软件。受众可以在抖音中选择歌曲，拍摄一段短视频进行上传，以展示自我个性。抖音中的内容丰富多样，包括美食、旅行、舞蹈、搞笑段子等，用户可以通过多种特效、滤镜和场景切换来编辑短视频内容，打造精致的短视频大片。图7-1所示为抖音短视频。

2. 快手

快手是记录和分享用户生活的平台，平台中每天都会产生数百万条原创新鲜视频。快手的前身叫"GIF快手"，诞生于2011年3月，最初是一款用来制作、分享GIF图片的手机应用软件。2012年11月，快手从纯粹的工具应用转型为短视频社区，用于帮助用户记录和分享生活。快手短视频如图7-2所示。快手的用户多位于下沉市场（三线及三线以下城市、县、镇与农村地区市场），社交互动性强。

3. 小红书

小红书是一个兼具内容分享社区和移动电商贸易功能的平台，用户不仅可以在小红书官方商城中购物，还可以开通店铺、发布短视频文案，进行产品的营销推广。小红书中的短视频内容多样，涉及体育、情感、宠物、旅行、搞笑、家居、穿搭等不同领域，社交属性和口碑营销特征明显，广告内容较多，想要进行短视频营销的个人商家和品牌商家都可入驻。图7-3所示为小红书中某博主发布的短视频文案，其中就涉及某品牌的众多产品。

图7-1 抖音短视频　　　　图7-2 快手短视频　　　　图7-3 小红书短视频

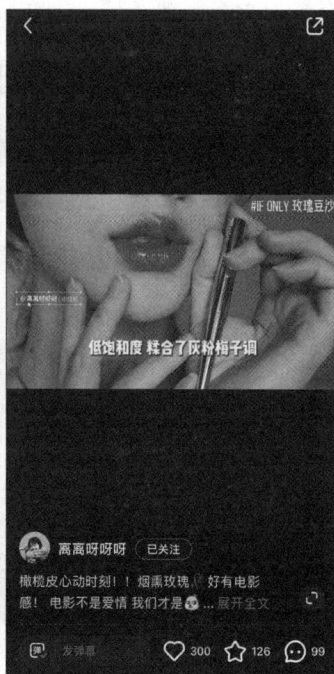

高手有话

此外，微视、西瓜视频、好看视频和抖音火山版等平台也可供发布短视频文案和直播。其中，微视隶属腾讯，功能与抖音相似，频道内容丰富，直播侧重娱乐直播，变现能力稍弱；西瓜视频和好看视频中，中视频（时长在1分钟至30分钟）、短视频较多，用户以26～35岁、喜好泛知识内容的青年为主；抖音火山版相比抖音，用户群体更侧重三四线城市，内容以搞笑段子、生活常识、生活技巧类为主。

7.1.2　短视频文案的组成部分

短视频文案并不单指旁白或字幕，一般来说，短视频文案往往由标题、简介、脚本和字幕4个部分组成。

1. 标题

标题是对短视频主题的高度概括，好的标题可以引起受众的好奇心，吸引受众观看短视频，从而为短视频带来流量。图7-4所示为部分短视频文案标题示例。

2. 简介

简介常用于展示短视频概要、素材来源、作者感想、故事经过、灵感、作者号召、其他链接等内容，可以辅助标题的表达，帮助受众快速了解短视频内容。图7-5所示为安踏发布的短视频文案，第二句文字起即为其简介，该简介简单介绍了短视频的主题，即今晚发布复古休闲风单品，并号召受众购买。

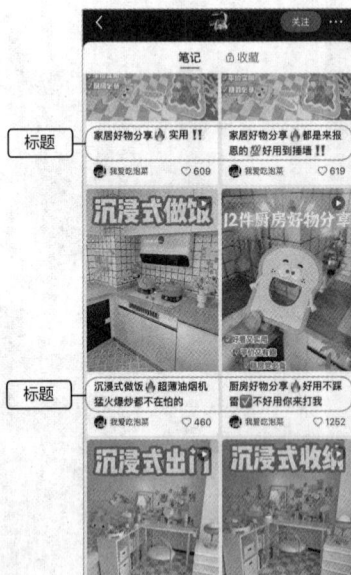

图7-4　短视频文案标题

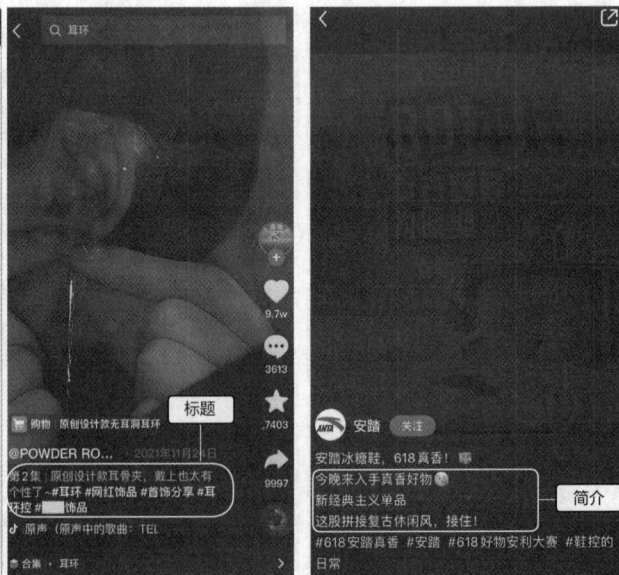

图7-5　短视频文案简介

高手有话

需注意的是，现在许多短视频文案中标题和简介的划分并不明显，因此文案人员可直接使用一段文字引入短视频内容，或做简单介绍、重点提炼。

3. 脚本

脚本是指表演戏剧、拍摄电影等所依据的剧本。就短视频而言，脚本是整个短视频的发展大纲，用以确定剧情的发展方向和拍摄细节。图7-6所示为某婚庆公司的部分短视频脚本示例。

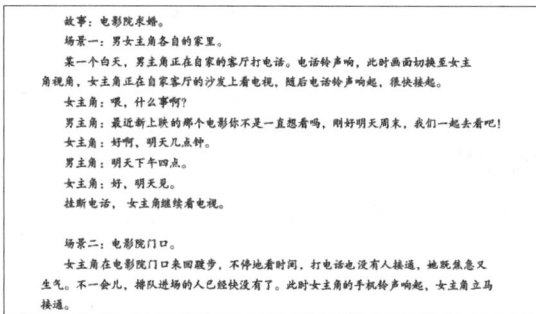

图7-6　某婚庆公司的部分短视频脚本示例

4. 字幕

字幕指用文字显示的视频中的对话等非影像的内容，也泛指影视作品后期加工的文字。一般来说，短视频文案中的字幕包括两种：一种是短视频中人物所说的台词；另一种则是对短视频内容的解释说明，以帮助受众更顺畅地理解短视频内容，提升其观看体验。

图7-7所示的短视频文案中，底部的字幕为人物台词；而图7-8所示的短视频文案中，顶部则额外添加了有关产品功能的字幕，以强调产品卖点。

图7-7　以人物台词作为字幕　　图7-8　额外添加强调产品功能的字幕

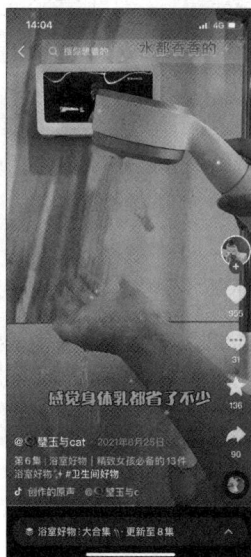

155

有些字幕还以弹幕形式呈现，由文案人员单独设计，用于表达文案人员的某种想法，或模拟受众的想法，这样可以提升短视频文案的趣味性和互动性，丰富短视频文案的表现效果。

7.1.3 短视频脚本的写作

短视频文案中的标题、简介的写作与微信公众号类似，此处不赘述，而字幕也比较简单，直接添加人物台词或说明的内容即可。脚本是短视频文案中较重要的部分，对短视频内容的打造有重要的指导作用，能够使短视频围绕核心主题进行设计，降低后期制作短视频的沟通成本。文案人员需重点掌握短视频脚本写作的相关知识。

1. 短视频脚本的写作思路

短视频脚本的写作通常需经历3个步骤，文案人员可以根据这3个步骤来完成短视频脚本。

（1）确定短视频主题

短视频基本都有一个明确的主题，如分享平价好物、讲述旅行体验、分享仿妆教程或通勤穿搭等。一个明确的短视频主题，可以为后续的脚本写作奠定基调，让短视频内容紧紧围绕主题展开。通常短视频的主题需要围绕账号定位确定，以使短视频内容契合账号定位，让受众对账号形成深刻的认识。

图7-9所示为某食品品牌发布的短视频文案，因其账号定位是食品，所以其短视频主题都与食品相关，分别为在户外吃钵钵鸡和卤料的做法。

图7-9　以在户外吃钵钵鸡和卤料的做法为主题的短视频文案

（2）规划内容框架

确定短视频主题之后，就需要规划内容框架。规划内容框架指确定通过什么样的内容细节及表现方式来展现视频主题，包括人物、场景、事件等，并对此做出详细的规划。例如，为推广某餐饮实体店的团购餐券，文案人员确定了一个"美好团购用餐体验"的主题，其人物、场景和事件如表7-1所示。

表7-1　内容框架

脚本要点	要点内容
人物	女生A、女生B
场景	餐饮店所在的商场、餐饮店
事件	二人在商场见面、二人逛商场、选择吃什么、到团购了餐券的餐饮店就餐、服务人员上菜、用餐

（3）填充细节内容

在确定好内容框架之后，就需要在脚本中填充更多的细节内容，以丰富视频内容。例如，二人逛到中午不知道吃什么，在某餐饮App搜索附近美食时发现该餐饮店，通过软件上的好评决定购买该店餐券，但二人实则期待值一般；团购菜品上桌之后的整体效果；主角吃饭时服务人员时不时帮助烫菜、倒水；店内提供的一些特别表演节目展示；餐饮店赠送的小礼品，让二人非常满意。

这些细节可以使内容更饱满，填充细节内容是脚本写作中比较困难的部分，需要文案人员花更多心思去打磨。

2. 写作短视频文学脚本

文学脚本类似于电影剧本，以故事开始、发展和结尾为叙述线索。简单来说，文学脚本需要表述清楚故事的人物、事件、地点等。

文学脚本是一个故事的梗概，可以为导演、演员提供帮助，但对摄像和剪辑的工作却没有多大的参考价值。常见的教学、评测和营销类短视频就经常采用文学脚本，很多个人短视频创作者和中小型短视频团队为了节约创作时间和资金，也都会采用文学脚本。

表7-2所示为某个以推广某教育培训App为主题的短视频文学脚本，其设计了一个求职故事，场景主要在某面试公司和咖啡厅。该短视频脚本通过两个求职者不同的求职表现以及在咖啡厅内的对话，讲述了其中一名女性在该教育培训App帮助下被成功录取的故事，从而达到推广该教育培训App的效果。

表7-2　短视频文学脚本

脚本要点	要点内容
标题	《为什么她找工作比我容易？》
人物	女生A、女生B、面试官C

脚本要点	要点内容
场景1： 某公司面试 等候区	面试等候区的沙发上，女生A不断打理着自己的头发，女生B拿着手机好像在看什么课程。女生A斜了女生B一眼后，对她说："别白费力气了！今天这个岗位我要定了。"女生B微笑不语，女生A感觉有点尴尬，将手上的手机扔进包里（动作幅度大）。此时面试官叫了女生B的名字，女生B镇定地走向面试室
场景2： 面试室	女生B对面试官C提出的问题对答如流，还有条不紊地说出了自己的职业规划。面试官C频频点头，表示很满意，告诉女生B第二天会给她答复
场景3： 面试室	对面试官C提出的问题，女生A磕磕巴巴地回答。面试官同样告诉女生A第二天给她答复
场景4： 咖啡厅	第二天，女生A在校外咖啡厅收到没有被录用的短信通知。进入咖啡厅后，女生A见到女生B独自一人在喝咖啡，以为她也没被选上，于是坐在女生B对面的位置上。女生A对女生B说道："真巧啊，原来你也是××大学的。"女生B见到是女生A，也礼貌回应："真的挺巧的，我是××系一班的。"女生A回应道："我是二班的！唉，我昨天以为我肯定会被录用的，结果刚刚通知没选上！你是不是也没被录取？别气馁，昨天面试官问的问题太难了，很多我们都没有接触过！"此时女生B的手机收到了录用的通知，她看了女生A一眼后对她说道："那个公司通知我下周去报道。"女生A听到后问道："面试的那些问题你都答上来了吗？"女生B告诉她："我一直在用××App学习，上面有很多技能相关的培训课程，面试官问的问题我都学习过，所以都答上来了！""这么好！我也想下载一个。"女生A说。女生B告诉她："点击视频右下角的链接就可以下载了，评论区还可以领取新人福利试听课程，快去下载吧！"

📋 高手有话

文学脚本一般是线性叙事，首先介绍出场人物、故事发生的情景或前提，引起受众注意；其次围绕主题展开叙述，或者制造冲突；最后介绍故事的结局，如果能设置转折或反转，可以进一步加强戏剧效果。

3. 写作短视频分镜头脚本

分镜头脚本主要以文字的形式直接表现不同镜头的短视频画面。分镜头脚本的内容更加精细，能够表现短视频前期构思时对视频画面的构想，可以将文字内容转换成用镜头直接表现的画面，因此，比较耗费时间和精力。

景别、机位和镜头
运用介绍

通常，分镜头脚本的主要项目包括画面内容（分为文字或插画的形式）、景别、拍摄方式（镜头运用）、台词、音效、时长等。有些专业短视频团队撰写的分镜头脚本中甚至会涉及摇臂使用、灯光布置和现场收音等项目。分镜头脚本的写作难度较大，除了文案人员外，有时还会由专业的分镜师甚至导演本人参与撰写。表7-3所示为某推广猫粮的短视频分镜头脚本示例。

表7-3　短视频分镜头脚本

镜号	景别	拍摄方式	画面内容	台词	音效	时间
1	中景	固定镜头 正面拍摄	空空的猫窝、空荡荡的客厅	今天一早起床，发现我家的猫居然不见了，平时早上它都躺在我的床上，或者猫窝、客厅沙发上，今天居然都没有	悬疑音效	3s
2	全景	固定镜头	主角在卧室里找猫			5s
3	近景	运动镜头	空空的猫爬架、阳台、封闭的窗户	常去的地方都找了，但是都没有	悬疑音效	5s
4	全景	固定镜头	快进的监控视频	看了监控才发现，它半夜进了厨房就没出来	悬疑音效	8s
5	全景	运动镜头	快步进入厨房，锁定一个柜子		突然的音效	4s
6	近景	固定镜头	打开柜子，猫居然在偷吃猫粮	好家伙，原来你在这里	猫叫声	3s
7	特写	固定镜头 正面拍摄	猫在客厅里吃猫粮	吃吃吃，名副其实"好吃猫"		4s
8	特写	固定镜头 正面拍摄	猫粮包装与猫进食	这是最近我新买的猫粮，每次看它吃都觉得特别香。这款猫粮添加了鱼油，原料是鲜鸡肉和鸭肉，营养丰富，大部分猫咪都喜欢吃，挺推荐的	轻快的音乐	20s

7.2 写作直播文案

随着直播电商的兴盛，越来越多的受众在手机上观看直播并购买产品。直播文案能够帮助受众了解商品或活动信息，促使受众产生购买欲望，因而成为商家销售产品的关键。直播文案涉及直播话术、直播脚本和直播预告文案等，是直播营销必不可少的部分。

7.2.1　设计直播话术

直播的过程主要是主播展示并讲解产品的过程，在这个过程中，主播所使用的直播话术非常重要，配合产品展示，可以起到活跃气氛、激发受众消费欲望、促进产品转化的目的。直播过程中的常见话术包括以下几种。

1. 直播开场话术

开场话术用于直播暖场，可以是基本的自我介绍或问好，或是向受众表达自己对对方观看直播的感谢，也可以是对本次直播主要内容的介绍。好的开场可以活跃直播间氛围，拉近与受众的距离。表7-4所示为常见的直播开场话术示例。

表7-4　直播开场话术

序号	直播开场话术
1	欢迎大家来到××直播间，主播是直播新人，希望大家多多支持，多多捧场哦
2	大家好，欢迎来到××直播间，主播深耕××行业××年了，有丰富的资源。直播间内，所有的产品我都是自己试用后再推荐给大家的，请大家放心
3	大家好，我们是厂家直播，没有中间商赚差价，我们会给你难以想象的折扣
4	大家好，我是××，欢迎来到××直播间！最近气温上升，夏天就要来了，所以本期上架了很多夏季新品，如短袖、连衣裙、短裤、吊带，统统都有，一会儿就会为大家一一试穿，敬请期待

2. 产品介绍话术

直播的目的就是"带货"，因此直播过程中，必然涉及产品质量、价格、功能等的介绍。另外，产品特点和优势尤其需要主播重点介绍。FAB法则不仅可以用来提炼产品卖点，也可以用来介绍产品。利用FAB法则写作产品介绍话术时，一般需介绍产品具有某种属性（F），因此具有某种作用（A），从而带来某种益处（B）。表7-5所示为围绕FAB法则设计的产品介绍话术示例。

表7-5　产品介绍话术（以某连衣裙为例）

产品	FAB话术
连衣裙	这款连衣裙衣领采用撞色翻领的设计，领口呈V形（属性），可以修饰颈部线条（作用），显得脖颈更修长（益处） 肩膀采用泡泡袖设计，腰身是一个A字弧线（属性），连衣裙上面修饰肩部轮廓，中间收紧腰身，下摆宽松舒适（作用），修饰身形，不显胖（益处） 连衣裙面料是偏针织棉的，整体偏厚（属性），有一定防凉效果（作用），如果是在室内有冷气的地方，如办公室、商场等，是非常适合的（益处）

3. 留存受众的话术

进入直播间的受众越多，直播间的人气就越高，因此主播还应当采用一些留存受众的话术将受众留下，吸引受众继续观看直播。这类话术常常配合一些抽奖、发红包等活动，这样才能达到更好的效果，表7-6所示为常用的留存受众的话术示例。

表7-6　留存受众的话术

序号	留存受众的话术
1	再过5分钟就要开始抽奖了！大家千万不要走开
2	下一次抽奖将在××分钟后进行！会送出××大礼！大家千万不要走开

续表

序号	留存受众的话术
3	本轮中奖的×××、××、×××3位小伙伴，赶紧截图联系客服领取奖品！没有抽中奖品的小伙伴也不要走开，接下来还有不定时的抽奖活动，直播最后还会抽大奖
4	欢迎刚进直播间的小伙伴，点击关注主播，关注人数达到200人我就发红包，点赞数到1万个，我也会发红包

4．促进产品转化的话术

直播"带货"的最终目的是促使受众下单，促进产品转化。促进产品转化的话术，其作用是引导受众下单购买产品，话术设计逻辑主要是：打消受众的顾虑，取得受众的信任；制造稀缺感和紧迫感；提供优惠。表7-7所示为常用的促进产品转化的话术示例。

表7-7　促进产品转化的话术

序号	促进产品转化的话术
1	这款产品之前在××（平台）已经卖了10万套，大家放心购买吧
2	这个产品我自己也在用，真的特别好用
3	还有最后5分钟，没下单的小伙伴赶紧下单，直播结束后就没有这样的优惠价格啦
4	购买我家的产品，如果买贵了，15天内可以退差价。而且不合适也没关系，本店有运费险，退换货均免费
5	今天这个产品数量有限，只有200件，喜欢的小伙伴赶紧下单
6	这款产品在××旗舰店的价格是99元1瓶，今天我们的直播间买一送一，99元就可以买到两瓶
7	只有最后3件了，喜欢的小伙伴抓紧拍，今天是直播专享价，卖完就恢复原价啦
8	这次活动的力度真的很大，买两套非常划算，错过就可惜了
9	小伙伴们，我们这次活动的优惠力度是今年最大的，现在拍立刻能省××元，而且还送超多赠品，相当于买一送一，赶紧买吧

5．其他销售话术

在直播过程中，会不断有受众进入直播间，因此直播过程中还要注意穿插一些引导受众关注主播或直播间、关注店铺、引导点赞、引导分享直播间、引导成为店铺会员等的话术，以积累更多的品牌粉丝，增加直播间的流量，提高直播间的人气。此时，可以结合店铺提供的一些优惠权限，如红包、优惠券、优惠价格等。表7-8所示为其他销售话术的示例。

表7-8　其他销售话术

序号	行动	话术
1	引导关注	感谢××的关注，还没关注主播的小伙伴抓紧关注，主播每天都会赠送惊喜福利 刚进来的小伙伴可以先为主播点关注 关注主播才可以享受直播间优惠价，没关注的小伙伴记得关注
2	引导点赞	点赞满8万个、点赞满15万个都会给大家送礼哦，赶快右下角点起来 现在又有许多人进来了，欢迎××，希望大家多多点赞，给我们的直播间增加人气
3	引导分享直播间	现在分享直播间的小伙伴，可以领一张满299元减30元的优惠券，这样购买更加划算
4	引导加入社群	直播间的小伙伴可以联系一下我们的客服，客服会邀请您加入我们的群，群里每天都会分享各种有用的知识，还会不定时发放福利
5	引导成为会员	现在关注网店，成为网店会员可以领会员专属的优惠券，还可以享受专属客户服务 直播期间会员下单备注"会员福利"还会额外赠送一份好礼，没注册会员的小伙伴一定要赶紧注册，不然不能享受会员专赠

高手有话

　　一般而言，直播销售产品会经历一个销售逻辑链，即引入产品、介绍产品和促进下单。其中，引入产品和介绍产品的话术根据产品的差异而有所不同，一般可以以产品可以解决的问题或某个话题引入，依据FAB法则围绕产品的属性、作用和益处详讲。促进下单的话术即为促进产品转化的话术，在了解各种话术之后，文案人员还要注意按照销售逻辑，将话术充分运用起来。

7.2.2　写作整场直播脚本

　　整场直播脚本是以单品介绍为单位，对整个直播过程的规划和说明。整场直播通常有一定规律，首先是开播后开场预热，引导受众关注；然后是活动预热，简单介绍所有产品并重点推荐潜在热门产品；接着逐一讲解产品，中途可设置互动环节；最后再回顾主推产品，吸引受众下单，若第二天还有直播，还会预告第二天的直播内容。因此，整场直播脚本基本都是按照该流程写作的。其具体写作要素包括直播时间、直播地点、直播主题、产品数量、人员介绍和直播流程等。直播流程则包括时间段、流程规划，以及主播、助理、客服的人员分工。

　　表7-9所示为某家电品牌的整场直播脚本示例，从中可以看出整个直播过程中的规划。

表7-9　整场直播脚本示例

××品牌整场直播脚本	
直播时间	2022年7月31日，20:00～22:00
直播地点	××直播室
直播主题	8月新品第一期
产品数量	10
人员介绍	主播：××　　助理：××　　客服：××

直播流程				
时间段	流程规划	人员分工		
		主播	助理	客服
20:00～20:10	开场预热	自我介绍，与先进入直播间的受众打招呼，介绍开场直播截屏抽奖规则，强调每日定点开播，剧透今日主推产品	演示直播截屏、抽奖的方法，回答受众在直播间的问题	向各平台分享开播链接，收集中奖信息
20:11～20:20	活动剧透	简单介绍本场直播所有产品，说明直播间的优惠力度，该过程不参与互动	展示所有产品，补充主播遗漏的内容	向各平台推送直播活动信息
20:21～20:25	产品推荐	讲解第1款产品，全方位展示产品外观，详细介绍产品特点，回复受众问题，引导受众下单	与主播完成画外音互动，协助主播回复受众问题	发布产品的链接，回复受众订单咨询问题
20:26～20:30	产品推荐	讲解第2款产品	同上	同上
20:31～20:35	红包活动	与受众互动，发送红包	提示发送红包时间节点，介绍红包活动规则	发送红包，收集互动信息
20:36～20:40	产品推荐	讲解第3款产品	与主播完成画外音互动，协助主播回复受众问题	发布产品的链接，回复受众订单咨询问题
20:41～20:45	产品推荐	讲解第4款产品	同上	同上
20:46～20:50	福利赠送	点赞满××即抽奖，中奖者获得保温杯一个	提示发送福利的时间节点，介绍抽奖规则	收集中奖者信息，与中奖者取得联系

直播流程				
时间段	流程规划	人员分工		
		主播	助理	客服
20:51~20:55	产品推荐	讲解第5款产品	与主播完成画外音互动，协助主播回复受众问题	发布产品的链接，回复受众订单咨询问题
20:56~21:00	产品推荐	讲解第6款产品	同上	同上
21:01~21:05	福利赠送	点赞满××即抽奖，中奖者获得30元优惠券	提示发送福利的时间节点，介绍抽奖规则	收集中奖者信息，与中奖者取得联系
21:06~21:10	产品推荐	讲解第7款产品	与主播完成画外音互动，协助主播回复受众问题	发布产品的链接，回复受众订单咨询问题
21:11~21:15	产品推荐	讲解第8款产品	同上	同上
21:16~21:20	红包活动	与受众互动，发送红包	提示发送红包的时间节点，介绍红包活动规则	发送红包，收集互动信息
21:21~21:25	产品推荐	讲解第9款产品	与主播完成画外音互动，协助主播回复受众问题	发布产品的链接，回复受众订单咨询问题
21:26~21:30	产品推荐	讲解第10款产品	同上	同上
21:31~21:50	产品返场	对呼声较高或其他受众感兴趣的产品返场讲解	协助客服向主播提示返场产品，协助主播回复受众问题	向助理与主播提示返场产品，回复受众的订单咨询问题
21:51~22:00	直播预告	介绍第二天主推产品，引导受众关注直播间，强调第二天开播时间和直播福利	协助主播引导受众关注直播间	回复受众订单咨询问题

7.2.3 写作单品直播脚本

单品直播脚本是围绕单个产品写作的直播脚本，它对应整场直播脚本的"产品推荐"部分。单品直播脚本是围绕产品来撰写的，其核心是突出产品卖点，需要对其参数、用途、工艺、价格、使用场景等进行详细阐述。为了详细介绍产品，单品直播脚本应分点叙述。表7-10所示为单品直播脚本示例。

表7-10　单品直播脚本示例

脚本要素	讲解内容
产品编号	1
产品名称	××（品牌名）2022年秋季新款宽松圆领套头灰色卫衣
零售价	359元
直播间到手价	109元
产品卖点	（1）小图形设计，彰显个性 （2）宽松型的卫衣，修饰身材 （3）偏短款，搭配裤子显腿长
产品利益点	（1）本直播间独有的优惠价格 （2）买一件送一件短袖，买两件减90元

📝 高手有话

为了促进直播行业健康发展，维护市场秩序，在销售产品或提供服务时，主播不得暗示、诱惑、鼓励受众大额打赏或引诱未成年人打赏，也不得以自我打赏等形式炒作。主播及其他工作人员应当依法依规开展直播，进一步规范网络直播盈利行为。

7.2.4　写作直播预告文案

直播预告文案即预告直播内容的文案，主要是为了让受众提前知晓直播内容，包括标题和内容简介两部分内容。

1. 标题

直播预告文案的主要目的是尽可能多地吸引受众来观看直播，所以标题一定要简洁明了。一般来说，许多直播平台中的直播预告文案标题大多言简意赅，文案人员可以在直播预告文案的标题中展现产品的核心卖点或直播亮点，也可以通过设置疑问的方式，引起受众对直播的兴趣。

图7-10所示为淘宝中的直播预告文案，其标题大多表明了直播亮点，如直播品类、直播好处与优惠等。

2. 内容简介

内容简介是对直播预告文案标题的解释或对直播内容的概括。一般来说，直播预告文案的内容简介应做到简单、不拖沓。内容简介可以与直播嘉宾、直播优惠价格、直播活动、特色场景、主播介绍、主打产品故事等有关。

图7-11所示为淘宝中的一则直播预告文案，其内容简介介绍了直播产品的特色及优惠、福利等，以吸引受众进入直播间观看直播。

图7-10 直播预告文案标题　　　图7-11 直播预告文案内容简介

高手有话

有的直播在开播前还会以短视频的形式进行预告，短视频一般是由主播出镜，通知受众具体的开播时间、直播主题，还可能预告直播中的福利活动或产品等，以吸引受众观看。

7.3 同步实训

7.3.1 为汉服产品撰写短视频脚本

【实训背景】

汉服是我国汉族的传统服饰，进入21世纪以来，汉服引起了社会广泛关注，越来越多的年轻人开始关注带有民族文化的服饰。许多人开始身穿汉服出现在国内外的街头，汉服文化也逐渐从小众走向大众。"千里客"是一家销售汉服的淘宝店铺，此前一直销量平平，最近几月利用短视频和直播进行推广后，店内产品的销量有所提升。近期，"千里客"新推出了两件夏季唐风汉服，为了预热新品，勾起受众对新品的期待，"千里客"打算在抖音发布短视频以推广新品，要求文案人员小姜撰写短视频脚本。

【实训要求】

（1）依据短视频脚本的写作思路策划短视频。

（2）写作汉服产品的短视频分镜头脚本。

【实训步骤】

根据实训要求，本实训可以分为以下步骤。

（1）确定短视频主题。

该短视频是为了推广新品，为了更好地表现汉服的文化底蕴，展示上身的效果。考虑到汉服在青山绿水、亭台楼阁中更有韵味，因此主题可以是游园漫步。

（2）规划内容框架。

只是模特儿在园中漫步未免有些单调，因此可以设计一个小故事，如两位身着汉服的女子因雨在凉亭中偶遇。

（3）填充细节内容。

为了使短视频内容更加丰富，可以增加一些小细节。例如，一位女子独行漫步在湖边栈道，突然下起雨来，女子小跑躲雨；另一位女子独自在凉亭中研究棋局；双方一起下棋等。重点突出场景的古风古色。

（4）写作短视频分镜头脚本。

综合主题、故事场景和细节后，小姜打算拍摄一个无台词的短视频，展现一个简短的游园偶遇故事。通过镜头凸显汉服整体效果和细节，整个视频呈现典雅、优美的视觉效果。短视频分镜头脚本如表7-11所示。

表7-11 短视频分镜头脚本

镜号	景别	拍摄方式	画面内容	音效	时间
1	远景	运动镜头	从园子一角移至女1，女1正执团扇在湖边栈道缓慢散步，欣赏风景		3s
2	全景、中景	运动镜头	汉服整体上身效果，然后慢慢将镜头对焦裙摆，再移动到腰部		4s
3	全景	固定镜头侧面拍摄	女1走着路，可以以栏杆或植物为前景拍摄，镜头至腰部、袖口，并逐渐移到胸前、领口		3s
4	全景	固定镜头	拍摄女1走路时的水中倒影		2s
5	中景	运动镜头	女1侧头看风景，有雨滴落下，女1抬头望天，伸手接雨滴，左顾右看，神色焦急，将团扇遮于头上小跑	一首舒缓古风歌曲	4s
6	全景	固定镜头	女1在渐大的雨中跑向凉亭，亭中女2正独自下棋		2s
7	全景、特写	运动镜头	女1拍打身上的雨水，转头发现有女子独坐亭中，两人视线相对，微微一笑		3s
8	远景	运动镜头	二人在亭中下棋		2s
9	全景、远景	运动镜头	雨停了，二人望向亭外，棋局结束，二人站起身来，女1点头向女2告别，走出凉亭		4s
10	全景、近景	固定镜头正面拍摄	女2望着女1离去的背影		3s

7.3.2 写作汉服产品的单品直播脚本

【实训背景】

"千里客"店铺中有3款汉服的销量较高，店长打算主推其中的一款（见图7-12）为店铺"引流"，因此决定与某直播达人合作，请该直播达人在直播间销售汉服。汉服整体为蓝白配色，直袖、直领，领缘绣花；裙身为印花间色设计，搭配小花朵纹样；肩带有白色绣花，且长度可调节；腰封采用闪光缎、串珠封边，并绣有花朵、蝴蝶，精致有质感；船形香妃纱帔子，可固定在对襟衫上，面料顺滑。汉服零售价为288元，直播间售价为208元，下单即送耳坠、眉心贴、发带。接下来，直播达人团队的文案人员小海将为汉服写作单品直播脚本。

图7-12 汉服产品图

【实训要求】

（1）写作单品直播脚本，需突出产品卖点。

（2）使用FAB法则设计产品介绍话术。

【实训步骤】

根据实训要求，本实训可以分为以下步骤。

（1）**写作单品直播脚本。**

小海先整合了产品卖点，包括裙身配色、面料及绣花等，他打算在脚本中突出这些卖点，并配合直播间优惠撰写脚本。单品直播脚本如表7-12所示。

表7-12 单品直播脚本

脚本要素	讲解内容
产品名称	千里客直领对襟衫齐胸襦裙
零售价	288元
直播间售价	208元
产品卖点	（1）裙身使用带花朵纹样的印花面料，整体为蓝白配色，干净清爽 （2）腰封、裙头、肩带和领缘有绣花设计，腰封采用闪光缎，串珠封边，精致美观 （3）肩带有白色绣花，具有隐形效果 （4）帔子采用船形香妃纱，面料顺滑，可固定在对襟衫上，不易脱落
产品利益点	（1）直播间购买立减80元 （2）下单即送耳坠、眉心贴、发带

（2）**设计产品介绍话术。**

小海根据FAB法则，综合表7-12中总结的卖点设计了相应的介绍话术，具体内容如下。

整体为蓝白配色，裙身为印花面料，并做了蓝色间色，在不同的角度，可以变换颜色，整个视觉效果非常清爽、干净；裙身有花朵纹样，腰封、裙头、肩带和领缘也有绣花，增添细节，而且腰封采用闪光缎，并用串珠封边，配合花朵、蝴蝶刺绣，很有质感，助你打造精致形象；肩带有白色绣花，具有隐形效果，不会因露出里面的衣服而显得突兀；帔子采用船形香妃纱，面料顺滑，美观、大方，而且还可固定在对襟衫上，不易脱落，所以担心其会被风吹跑的小伙伴可以放心购买。

7.4 思考与提高

1. 简述短视频的组成部分。

2. 尝试为实训中图7-12中的汉服设计一个短视频脚本。

3. 已知某销售各种纸巾（如抽纸、卷纸、手帕纸、湿纸巾）等的品牌将于10月9日20:00至10月12日23:59开展促销活动。某新款抽纸第二件半价，其他抽纸买1件减5元，买2件减15元；卷纸和手帕纸买2件减10元，可叠加满减，上不封顶。如果你是该品牌的文案人员，你会如何设计直播预告文案？谈谈你的思路。

第8章

写作其他移动商务文案

学习目标

- 学会写作海报文案和活动文案。
- 掌握软文的不同类型与写作技巧。
- 能够写作社群营销文案。
- 掌握今日头条文案和知乎文案的写法。

素养目标

- 多学习优秀海报文案的写法，提升海报审美能力。
- 了解平台相关审核规则，发布合规文案。

案例导入

五一国际劳动节是我国法定节假日，是所有劳动人民共同的节日。该节日与广大受众联系紧密，受众关注度高，同时也是一个表彰劳模和先进工作者的日子，因此许多品牌借助该节日的热度进行品牌营销，在微博发布品牌节日海报，致敬劳模，以树立良好品牌形象。

2022年五一国际劳动节，OPPO开展了"五一劳模表彰大会"，结合品牌的耳机、手表、手机等产品，塑造了"噪声清洁工""跳操记录员""PPT纺织工"的形象，创意十足，既致敬了劳模，又宣传了品牌及产品，图8-1所示为"噪声清洁工"的海报。美的通过一个安装空调的工人的形象致敬奋斗的广大劳动者，如图8-2所示。咪咕阅读则以一部讲述国企变革的作品为引，赞美工人在变迁中的奋斗精神，配合"汗水""墨""书写"等文字，将劳动与品牌紧密联系，如图8-3所示。

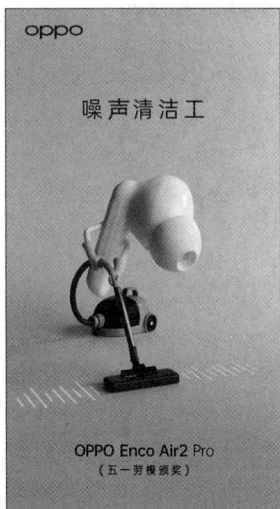

图8-1　OPPO海报文案　　图8-2　美的海报文案　　图8-3　咪咕阅读海报文案

海报文案在产品推广、活动宣传及品牌营销时经常使用，此外，其他移动商务文案，如活动文案、软文、社群营销文案、今日头条文案、知乎文案等也是目前常见的文案类型，文案人员应掌握其相关写法。

8.1　写作海报文案

海报一般由图片与文字组成，主要是通过视觉的方式给受众传递重要的产品信息，以提高受众对产品的认知、激发受众的购买欲望。海报文案可用于各种移动端广告的宣传中，如作为微信文案配图、产品详情页文案焦点图或品牌宣传图等，是应用十分广泛的一种移动商务文案类型。

8.1.1 海报文案的组成

从内容结构看，海报文案一般由主标题、副标题和描述组成。

- **主标题**。主标题就是海报文案中最显眼的一句话，通常根据受众痛点提炼。主标题的字体要足够大，让人一眼就能看到，且一看就懂该文案针对什么或描述什么。

- **副标题**。副标题是对主标题的补充，以完善海报文案内容，副标题不一定有，视具体情况而定。

- **描述**。海报文案的描述是除主、副标题内容以外的其他附加内容，如活动规则、产品其他卖点、促销力度、活动时间、二维码等。

大部分海报文案是主标题、副标题的有机组合。图8-4所示分别为某网店首页的产品海报文案与天猫的父亲节海报文案。文案通过文字内容的组合，并搭配精美的图片，让受众很明确地知道海报是为咖啡产品和父亲节设计的。

图8-4 海报文案

8.1.2 不同类型海报文案的写作

海报文案可用于产品上新、品牌推广、活动宣传等不同的营销场景，引导受众查看相关信息，促进受众的购买行为。因营销场景不同，海报文案也有不同的分类。

1. 产品上新海报文案

产品上新海报文案常用于介绍新产品的相关信息，如价格、尺寸、外观或口味等。文案人员可使用简洁直观的语言表明新产品的核心卖点，如"真茶真牛乳 好喝不太甜"；还可以结合活动、节日、情感等写作，在海报中体现活动主题、活动规则、节日名称，或增加有关情感的描述，如"新品9折优惠 可叠加满减""旺仔俱乐部旗舰店盛大开业 旺仔盲盒 重磅发布""送老同学一整个'小卖部'承包当年买不起的零食玩具"等。

例如，某网店产品上新适逢某电商平台的七夕活动，因此其顺应时事，将新品与七夕活动相结合，并通过"七夕如约而至，新品浪漫上市""玫瑰沁香久久不散"等文字营造节日气氛，揭示上新主题，渲染产品口味。图8-5所示为网店发布的产品上新海报文案。

2. 活动宣传海报文案

活动宣传海报文案常用于向受众介绍活动信息，吸引受众参与活动，提高活动的人气。文案人员可以结合具体的活动内容，即满减、赠送礼物、折扣或活动时间等写作，并使用直观的数字来传达活动的利益点，如"8月1日—8月4日　全场至高满300元减80元""两件68元"等。

图8-6所示为某品牌发布的活动宣传海报文案，通过"39元尝鲜""69元囤货""活动价格仅限当天购买"等文字说明了活动价格与活动时间。

图8-5　产品上新海报文案

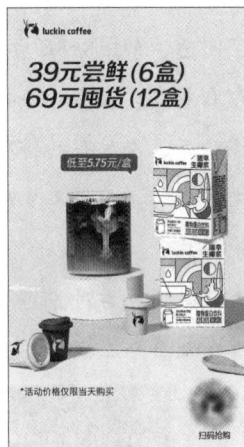

图8-6　活动宣传海报文案

3. 品牌宣传海报文案

品牌宣传海报文案常用于向受众介绍品牌，吸引受众关注品牌，提升品牌形象。海报文案篇幅较短，文案人员可用精练、简短的文字来讲述一个品牌故事，或者用一句蕴含思想或哲理的话来传递品牌理念。图8-7所示为某家电品牌在微博发布的品牌宣传海报文案。其借人类月球日的热度，结合品牌理念"探索年轻人的未来智能生活"来宣传品牌。

在写作海报文案时，文案人员还要注意一些通用的写作要点。

- 文字要简洁明了，篇幅要短小精悍，抓住主要诉求点。
- 图片做好创意的设计，与文案主题相辅相成。
- 要有充分的视觉冲击力，可以通过图像和色彩来实现。
- 海报的版式可以做些艺术性的处理，以吸引观众。

图8-7　品牌宣传海报文案

8.1.3 海报文案的排版

保持文字之间、图文之间的合理排列关系，是海报排版的基础。海报文案的排版方式有对齐排版、对比排版和分组排版3种。

1. 对齐排版

对齐排版主要包括居中对齐和左右对齐两种方式。

- **居中对齐**。海报文案中通常包括文字和产品等，当产品居于海报中心位置时，文字也可以居中放置，这种排版方式会给人以正式、大气、稳重的感觉。若居中的文字与产品营造出一前一后的层次感，再添加一些光效，还能提升整幅画面的空间感，如图8-8所示。

- **左右对齐**。左右对齐指文字设置靠海报左侧对齐或靠海报右侧对齐。左对齐的排版方式符合受众阅读的习惯，可以突出文字内容，如图8-9所示；若要突出海报左侧产品或海报背景图片等，就可以使用右对齐排版方式，如图8-10所示。若海报采用左右对齐排版，产品与文字可以形成一种空间互补感，让整个海报文案显得工整、统一。

图8-8　居中对齐排版

图8-9　左对齐排版

图8-10　右对齐排版

2. 对比排版

- **对比排版冲突性强，可以有效地增强画面的视觉效果**。对比排版包含虚实对比、冷暖对比等多种。在海报文案中，对比排版常见的有两种，一种是文字的大小和粗细对比，另一种是疏密对比。

- **文字的大小和粗细对比**。海报文案中通过设置文字的大小和粗细，如放大、加粗重要信息，能更好地强调和区分文案内容，使整个海报文案信息主次分明，起到引导受众浏览文案信息的作用。图8-11所示为某网店首页的海报文案，该文案就通过文字大小和粗细的对比凸显了上新的主题和价格优惠。

- **疏密对比**。疏密对比的排版方式能增强海报文案的设计感。但在运用疏密对比时，应注意字符间距，保证文字之间距离适中，不能使一行文字拥有不同的疏密度，否则容易造成视觉的错乱。图8-12所示为疏密对比的排版效果。

3. 分组排版

当一张海报文案中包含的信息过多时，不对其进行整理就会显得杂乱无章，使受众抓不住重点，此时，就可以考虑对文案进行分组排版，将相同的信息摆放到一起，使整个海报文案看起来条理清晰，方便受众阅读。

图8-13所示为某网店首页的海报文案，其就将推广的新品、赠品活动等分组呈现，并结合对比排版的方式，使整个版面内容清晰、层次分明。

图8-11 文字的大小和粗细对比　　图8-12 疏密对比　　图8-13 分组排版

高手有话

在海报文案中，适当添加底纹或设置不同的字体、字体颜色、透明度等也有助于增强文案的视觉表现力，并凸显文案中的关键信息。文案人员要合理运用这些手法增强文案的表现效果。

8.2 写作活动文案

任何企业或品牌在经营过程中，或多或少都会开展各种活动，利用线上线下渠道进行宣传。因此在移动商务领域，活动文案也非常常见，其内容主要是介绍活动相关信息，让受众可以快速抓住活动重点，产生参与兴趣。

8.2.1 活动文案的种类

根据活动目的的不同，活动文案可以分为公益活动文案、推广活动文案和互动活动文案3种。

1. 公益活动文案

公益活动文案的写作重心为公益，文案人员在写作公益活动文案时，需要侧重介绍公益活动的目的和规则，以吸引更多受众参与，为公益活动添砖加瓦。除此之外，成功的公益活动文案还可以建立品牌在受众心中的良好口碑，获得更多受众的信任。

图8-14所示为某眼镜品牌在微博中发布的公益助学活动文案，其包含具体的公益活动规则、内容详细，既可号召受众参与公益，又体现了品牌的社会责任心，有助于提升品牌形象。

2. 推广活动文案

相比于公益活动文案，推广活动文案的主要目的是推广活动，以促进产品销售。文案人员在写作推广活动文案时应注意说明活动规则，突出参与活动可以获得的好处，点明品牌的价值；还可以设计一些福利优惠，如点赞、评论或转发抽奖等，促进受众自主转发推广活动，扩大活动的影响力，从而提升活动效果。图8-15所示为某图书品牌发布的推广活动文案。

3. 互动活动文案

互动活动文案的目的在于拉近品牌与受众的距离，提升受众黏性，建立受众信任。这类文案需要文案人员强调活动原因和活动形式，引起受众的互动热情和参与积极性。例如，图8-16所示为某摄影活动文案部分示例，文案主要由活动缘由和活动规则组成，其缘由比较打动人心，传递了一种正面的价值情绪，有利于实现受众的评论互动、提升受众好感。

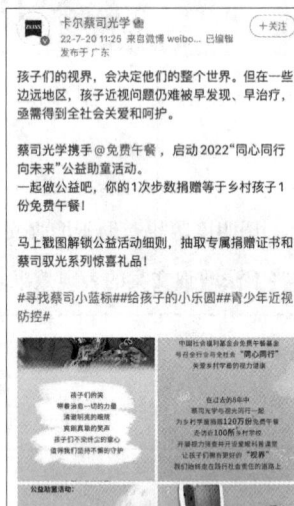

图8-14 公益活动文案　　图8-15 推广活动文案　　图8-16 互动活动文案

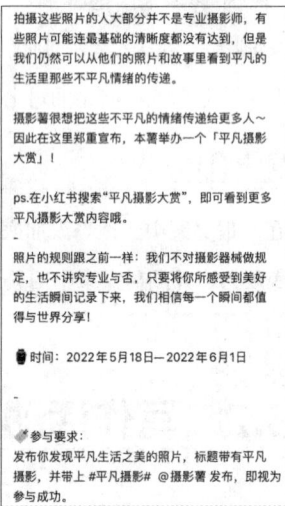

8.2.2　活动文案的内容

一个完整的活动文案，一般包括活动时间、活动缘由、活动规则、主办方和活动补充说明5部分的内容，旨在向受众介绍活动，并吸引受众参与活动，提升企业或品牌的知名度。

- **活动时间**。活动文案需要清楚地写明活动开始和结束的具体时间，以免给受众造成困扰，降低受众对企业或品牌的好感度。

- **活动缘由**。活动缘由就是企业或品牌开展此次活动的起因，即想要达到的目的，如"回馈新老顾客，感谢大家5年来的陪伴""庆祝七周年店庆""为鼓励大家分享与交流工作技能"等。

- **活动规则**。活动规则包括活动的报名要求、活动的参与方式、活动奖励、活动奖励的评比方式等。

- **主办方**。主办方是指活动发起方，活动最终解释权一般都归活动主办方所有。

- **活动补充说明**。活动补充说明根据活动的不同而各不相同。例如，活动宣传推广图、不同活动项目介绍、奖励发放说明、发货问题等，都可以作为活动补充说明内容。

图8-17所示为腾讯微视的"技能变现计划瓜分奖金5万元"活动文案。

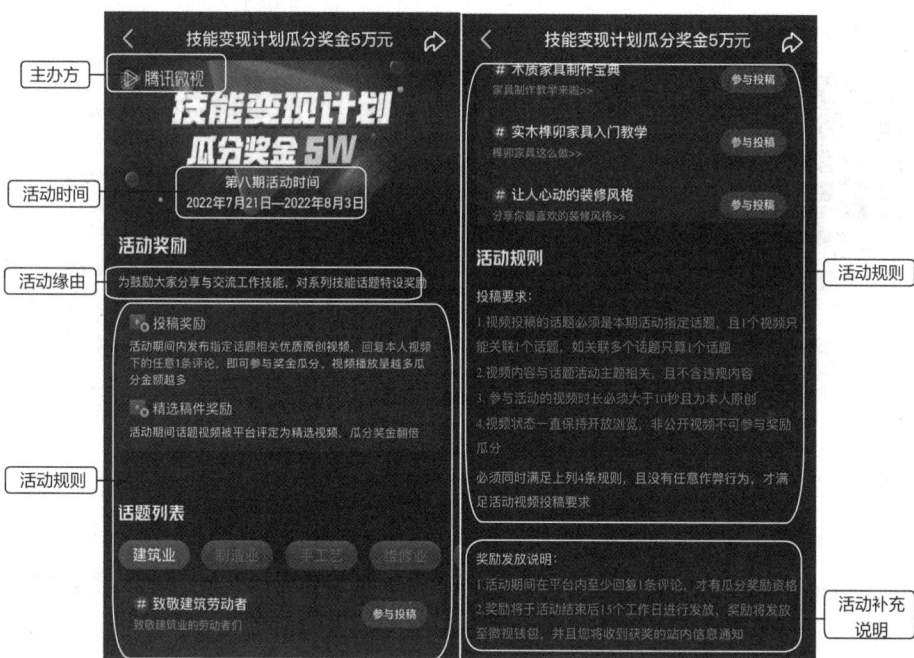

图8-17 "技能变现计划瓜分奖金5万元"活动文案

8.2.3 活动文案的写作要点

活动文案的目的主要在于提升受众对活动的关注度和参与积极性，因此活动文案一定要有足够的吸引力，要能引起受众的兴趣。文案人员可掌握以下写作要点，并将其灵活应用于活动文案的写作中。

1. 结合海报

海报一般以图片形式显示，与纯文字相比，其表现能力更强，视觉效果也更佳。在活动文案中搭配海报，可以补充活动文案内容，也可以强调或说明活动文案。文案人员还可以直接以海报作为活动文案的主体体现。一般来说，活动文案海报会根据品牌定位，结合品牌风格或活动主题选择合适的颜色作为背景，也可以使用简单的图形作为图片背景，还可以使用活动奖励、品牌产品等作为背景，突出活动主题。

例如，某运动品牌开展全网送小"鸿"帽活动时，就发布了图8-18所示的活动文案。该文案借助海报，详细介绍了活动内容，包括具体的活动规则、流程、时间等。整个海报内容结构分明，语言精练，视觉效果好，使整个活动流程清晰明确，有助于激发受众参与活动的积极性。

图8-18　活动文案

2. 找准切入点

切入点是指活动文案写作的突破口，文案人员可结合品牌定位、活动目的、活动特色等，选择合适的切入点，吸引受众注意，如利益、情感、视觉冲击力、独特卖点等。重点是文案要有足够的感染效果，可以打动受众。

产品上新活动文案的切入点可以选择产品设计的灵感，从灵感来源着手；店庆活动文案可以从折扣力度或专属优惠等考虑，也可以从情感的角度入手，以引发受众的情感共鸣。例如，某陶艺手工店在发布活动文案时，就以感恩这种情感为切入点，讲述其举办手工艺作品展的缘由，并号召受众参与手工艺品制作活动。

3. 借助热点

在写作活动文案时，文案人员可分析近期热点事件、节日、热门话题等，选择与活动契合度高的热点，结合热点写作活动文案，以扩大活动的曝光范围，增加受众关注活动的概率，提高活动的参与率。

在选择热点时，文案人员应综合分析活动与热点的特点，找出两者之间的关联，然后将活动与热点结合，写作活动文案。例如，某蛋糕品牌要举办烹饪比赛活动，其文案可以从当前的热议美食话题，如"在家做甜品"等切入，在文案中加入该话题标签，那么关注该话题的受众就有可能看到该活动文案，增加活动文案的曝光率。

8.3 写作软文

软文指通过一种"软"植入的方式将宣传内容与产品内容完美结合起来，将营销目的与文字有效融合，让受众在津津有味的阅读中了解相关的产品和信息，在不知不觉中接受广告的植入。软文可以在潜移默化中对受众产生影响，当前许多企业和品牌都常借助软文进行营销。

8.3.1 软文的类型

常见的软文可以分为知识类、公众类和故事类3种类型。

1. 知识类软文

知识类软文指通过提供与企业、品牌产品相关的知识内容来进行营销的文案。这些内容可以是一般受众或专业人士在切身体验后总结出的科普知识，也可以是一些与品牌产品有关的价值性内容，如测评、经验分享、知识介绍等，有助于增长受众的见识。例如，有些推广服装的软文就是通过介绍穿搭技巧来推广服装的。图8-19所示的文案向受众讲述了如何选购智能门锁，来展示所推广产品的卖点。

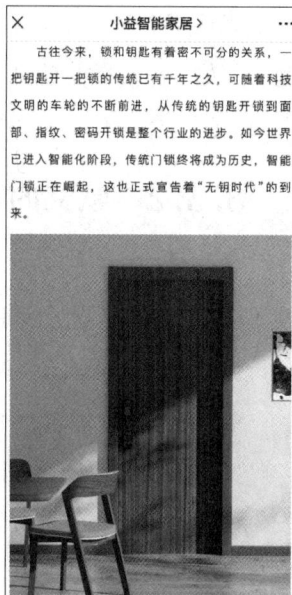

图8-19 知识类软文

2. 公众类软文

公众类软文指企业或机构处理内外公共关系，以及向公众传递各类信息的软文等，常用于处理企业与员工、受众之间的关系，用以维护企业形象，保护企业的相关利益。公众类软文包括公关软文和新闻软文两种类型。

- **公关软文**。公关软文指对品牌形象塑造、品牌推广和企业公众关系有帮助的文案。例如，某雪糕品牌卷入食品质量问题事件并澄清后，利用抖音发布了图8-20所示的文案，感谢为其发声的受众，有助于树立品牌良好的形象。

- **新闻软文**。新闻软文通常是报道企业或机构的新闻事件的文案，包括专访文章、采访文章、新闻报道等。图8-21所示为新闻软文示例，企业可以通过这类软文向公众传递企业信息。

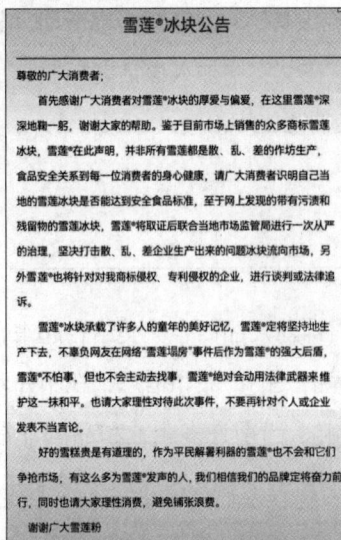

图8-20　公关软文　　　　　　　　图8-21　新闻软文

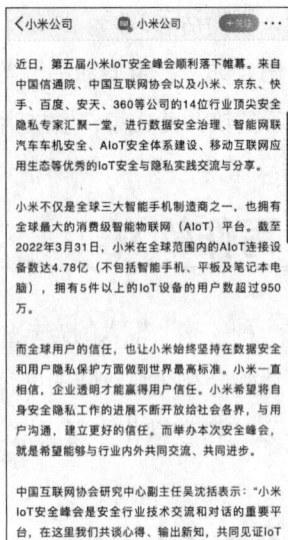

3. 故事类软文

故事具有情节性，跌宕起伏的故事情节能吸引受众的注意力，让受众在不知不觉中被故事的思路所引导，进而看完全篇文案，甚至引发受众对推广产品的兴趣，促成受众的购买行为。例如，某篇软文就讲述了一个求婚的故事，并通过定情信物的购买渠道引出推广的购物App，让受众在不知不觉中接受广告植入，引发受众对购物App的兴趣。

8.3.2　软文的写作技巧

软文的精髓在于要够"软"，好似绵里藏针，收而不露，克敌于无形。因此文案人员通常不会在文案开头直白地进行宣传推广，而是将产品或营销目的自然融入文案之中，以内容的价值性取胜。文案人员在写作软文时可运用以下写作技巧。

1. 满足受众需求

文案人员在写作软文时，要注意抓住受众的真实需求，通过满足受众的不同心理需求出发，说明为受众提供的好处。例如，文案人员可以从受众的好奇心出发，以分享新鲜事的角度撰写软文，也可以抓住与产品相关的受众的渴望，提供受众可能需要的技巧或经验。

例如，一篇名为《为什么你买的车厘子又贵又难吃》的软文，就抓住了受众想要学会挑选车厘子的心理，介绍甄选车厘子的方法，成功吸引受众关注文案内容，并推广了相关产品。

2. 以时事引入

软文写作的重点是让受众对文案感兴趣。受众常接触网络，所以总是会对新近发生的、在网络上受到广泛讨论的时事给予更多的关注。因此，若软文与时事有关，也容易提升文案的吸引力。该方法要求软文紧跟时尚与热点（包括微博热门事件、热门影视剧、名人活动等，它们都是广大网民日常接触和感兴趣的内容），再自然而然地融入产品，推广产品。

例如，某微信公众号文案（见图8-22）以神舟十三号载人飞船返回舱成功着陆的热点事件为引，介绍了我国航天事业的发展和该过程中的感人故事，最后在文末植入了航天科普读物，有效地实现了营销与推广。

图8-22　以时事引入的软文

3. 写作风格适宜

软文有不同的类型，这也意味着软文写作应具有不同的风格，且可供发布软文的平台很多，如果文案人员发布了不符合该平台风格的文案，就可能使软文泯然众多文案。因此，文案人员应根据不同的投放平台，对应调整软文的语言风格。

例如，在小红书、微博、微信等社交娱乐平台，娱乐型的软文更受欢迎；而在专业资讯媒体平台或问答平台，如百度贴吧、知乎、今日头条等，知识性、专业性更强的软文则更受欢迎。所以在撰写软文时，文案人员要确定投放平台及内容主题，然后再采用对应的语言形式和软文类型进行写作。

8.4　写作社群营销文案

社群营销是在营销从PC端转向移动端后迅速发展起来的一种营销方式。常见的社群有微信群、QQ群、微博群、YY群、淘宝群等。在社群中，文案人员可以直接将营销信息传递给受众，并可以通过社群与受众形成集中、连续、长期的互动，提升受众忠诚度。另外，在群体氛围下发布文案，更容易产生相互感染的冲动购买效应，最终拉动产品销售。

8.4.1　社群营销文案的写作类型

社群营销文案是文案人员在某个群里为诱导群成员产生购买行为而发布的文案，一般包括知识分享类、直接推广类和日常运营类3类。

1.　知识分享类

人们之所以加入同一个社群，是因为有着相似的目的和爱好，希望探讨或了解更多知识。因此文案人员可以在社群中进行知识分享，让成员认为社群是有价值、有内容的社群，加入社群是值得的。

这类文案以知识内容为主，文案人员需要输出一些专业知识。例如，读书社群，可以分享一些小众、经典或猎奇的书或与书相关的阅读技巧；育儿经验分享群，就可以分享与育儿有关的技巧，如辅食制作方法、如何训练幼儿专注力等。另外，文案人员还可以安排讨论主题、作业等，以提升群成员对社群的黏性。文案具体内容需与社群定位密切相关，在需要推广产品的时候，自然融入产品即可。

2.　直接推广类

现在许多企业或品牌运营的社群多以产品销售与开展活动为核心，因此直接推广产品的文案非常常见，有些社群几乎只发布以产品和活动为主的内容。例如，产品直播前中后的介绍、新品推广介绍、活动折扣介绍、主题活动介绍等，内容简短，并搭配内外部链接，方便群成员了解详情或点击购买，以促成变现。图8-23所示为某社群中的专享活动文案示例。

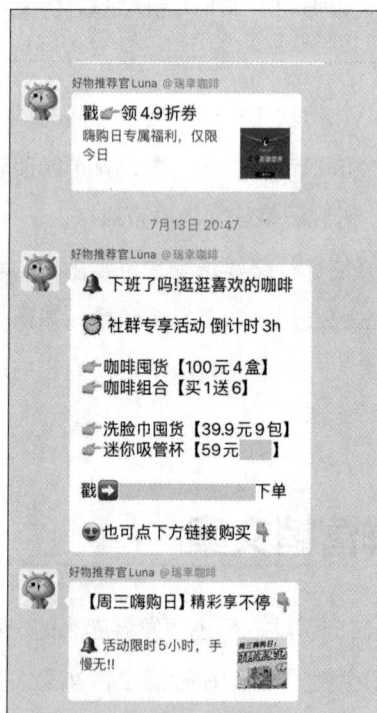

图8-23　社群专享活动文案

高手有话

不少社群会在群公告文案或入群欢迎文案中植入一些对社群固定活动或福利的介绍，并提供小程序链接，以助力产品和活动的推广。图8-24所示为入群欢迎文案示例。

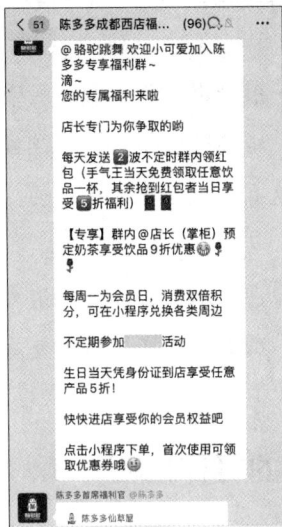

图8-24　入群欢迎文案

3. 日常运营类

为了维系与社群成员之间的感情，增加成员对社群的黏性，社群平时需要开展日常运营，这就需要借助日常运营文案，包括入群欢迎文案、活动预告文案、社群规则文案、社群福利文案等。图8-25所示为社群福利文案示例。

8.4.2　社群营销文案的写作要素

不管是哪类社群营销文案，某些要点是必须有的。一篇优秀的社群营销文案基本由以下要素有机组合而成。

- **@所有人**。当文案人员作为群主，准备在群里发言或发布某篇文案时，需要在群里@所有人，以保证他们都能看到信息，否则文案就很容易石沉大海，激起的浪花还来不及吸引更多的目光，就被群成员之间的对话刷过去了。但要

图8-25　社群福利文案

注意并不是在发送所有内容前都@所有人，发送有意义的、对受众有帮助的内容时可选择@所有人。

- **产品信息**。在推荐一款产品时，文案人员需要适当地介绍产品信息，让群成员了解产品，勾起他们消费的欲望。在社群中，有时候群成员可能并没有购买需求，但看到产品

信息后，可能会被其中的某些内容吸引，从而产生购买意愿。推广活动亦是如此，因此文案人员也应对活动相关主题、内容进行介绍。产品信息包括图片和文字两部分内容，图文并茂，才能直观展示产品，如图8-26所示。

- **链接**。为方便全员查看，一般社群文案中都会附带相应的链接，如小程序链接、视频号链接、直播链接、微信公众号文案链接等，这有利于全员直接行动，提高文案转化率。

- **二维码**。二维码与链接类似，基本上在社群营销文案中没有链接就会有二维码。群成员可直接扫码查看详细内容，十分方便。

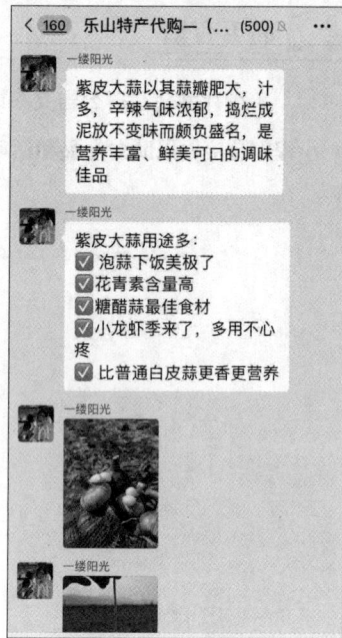

图8-26　产品信息

8.4.3　社群营销文案的写作技巧

对于社群而言，不管是哪种类型，目的都是促进产品的销售。而要想写出高质量的社群营销文案，从而促进产品的销售，还需了解一些社群营销文案的写作技巧。

1. 输出优质内容

俗话说，内容是流量的入口，虽然有些社群中很多人都在发广告、卖货，但其转化率并不高，有些人天天在群里发自创的内容，然而很多时候这只是一种自嗨式的操作，内容却无人问津。所以，优质内容非常重要。内容是社群媒体最基础也最关键的因素，只有输出优质内容去吸引和筛选群成员，并占据群成员时间和心智之后，才会让群成员真正意识到该社群的价值，才会在当前社群的基础上形成一个具有更高转化率效果的社群，这样，围绕社群的商业变现模式才会更加丰富多样，获得的回报才会更多。

2. 设计触发行动的点

对有些群成员而言，在社群中推广产品，最好设计能触发群成员行动的点，如购买优惠、其他人的消费评价截图、购买链接等，这样更容易引发群成员购买，尤其是小程序或网址链接的添加，更是简化了群成员自行搜索、了解产品的程序，有助于促进交易达成。

3. 文案内容要直白简单

在社群营销文案中，使用生僻、专业的词语解释活动、产品并不会让群成员觉得舒服，反而会让群成员觉得不能理解或不愿去理解，以至于丧失深入了解的兴趣。所以文案的关键信息最好用直白、通俗的语言表示，这才是"引流""吸粉"的正确方法，而不是写成自嗨式文案，流失受众。

8.5　写作今日头条文案

今日头条是一个受众量大、活跃程度较高的媒体平台，可以通过个性化推荐引擎技术，快速地为受众推荐有价值的、个性化的信息。由于今日头条中存在海量资讯和流量，这也使得其成为广告营销的重要阵地，而文案如何被推送到受众面前，并引起其关注和兴趣，是今日头条文案制胜的关键。

8.5.1　今日头条的信息流推荐机制

今日头条中发布的文案通常都会以信息流的形式出现在受众手机中。信息流指内容的集合，可以简单理解为以移动端为主要载体，一条条排列在手机界面的信息内容，包括与其他信息内容混排在一起的广告。信息流广告以文字、图片、视频等输出为主，与产品原有内容兼容性较强，其主要凭借后台算法，根据受众喜好进行精准推荐，因此易在潜移默化中提升受众对广告的接受度。

今日头条是典型的新闻资讯类信息流广告平台，文案人员要想让文案获得精准推广，就需要了解今日头条的信息流推荐机制。今日头条的信息流推荐机制主要包括受众、内容池、受众对内容感兴趣的程度3个要素。基于数据分析的推荐引擎技术，今日头条将根据受众基本信息、行为数据等维度的信息提炼出有关受众兴趣、特点、位置等方面的特征，然后通过提炼文案关键词等分类文案，提炼出文案特征，再根据文案特征与受众特征的匹配情况，从而将多元化、个体化、受众感兴趣的内容推荐给受众。

高手有话

在今日头条中，受众可以根据自己的喜好处理信息流，点击文案右下角的"×"按钮后，在弹出的列表中选择"不感兴趣""举报""拉黑作者""屏蔽"不同选项，如图8-27所示。

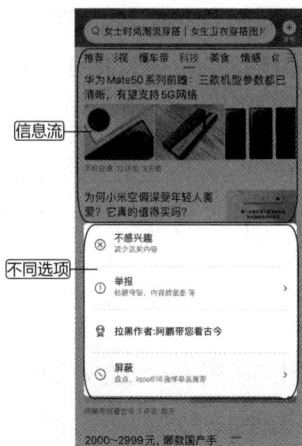

图8-27　今日头条文案不同选项

8.5.2　今日头条文案的写作要点

今日头条基于受众兴趣进行个性化推荐，这就要求文案人员需要在垂直领域发文，发布账号定位专业领域相关的文案。一般文案越专业、垂直，推荐量就越大。在写作今日头条文案时，文案人员一般需满足以下要点。

1. 内容要原创

今日头条文案发布后，平台首先会通过全网搜索引擎审核今日头条文案的原创度和健康度，以及是否存在恶意营销等情况。文案原创度达到60%以上时，才会被平台推荐，因此，文案人员要尽量原创文案。在发布文案时，文案人员还可以申请开通原创功能，增加今日头条文案被推荐的概率。

另外，在今日头条上发布的文案通过审核后，还需要经历"消重"这一道关卡。消重，就是消除重复，指对重复、相似、相关的文案进行分类和比对，使其不会同时或重复出现在受众信息流中的过程。今日头条在面对相似内容时，会优先推荐原创、权威、有价值的内容。因此，为了避免被消重，文案人员应该尽量坚持原创、谨慎使用热点、少用常见标题。

高手有话

发表观点引发讨论、注重文案的图文并茂、弱化广告存在、寻找合适的切入点或在文案结尾放入一些互动话题等方法都有助于提升受众对文案的关注度、接受度。不过需注意，只有通过今日头条审核的文案才能发布出去，若内容涉及违法、低俗或被举报等，将会面临平台扣分、禁言、关闭头条广告、封号等处罚，文案人员要注意了解平台相关审核规则，发布合规文案。

2. 要覆盖目标受众

写作今日头条文案非常关键的一点是文案内容要与目标受众的需求联系起来，尽可能地覆盖目标受众，这样才能增加今日头条文案的阅读量；否则，即使该文案被智能推荐出去，但由于对该内容感兴趣的受众太少，点击量和阅读量仍旧会非常少，进而降低文案的推荐指数。图8-28所示的今日头条文案为某介绍新款电纸书的推文，从标题可以看出，该文案的目标受众为对电纸书感兴趣的人、喜爱阅读的人，主题明确，且正文用不同颜色对重点字词做了标志，便于受众抓住重点，再搭配通俗易懂的语言，整体曝光量和阅读量自然较高。

3. 合理设置关键词

今日头条通过智能算法为受众推荐内容。要让文案更容易被平台推荐，可以根据需要在文案中合理设置、增加关键词。一般来说，今日头条主要凭借以下两种判断方法识别文案的类型和内容所属领域。

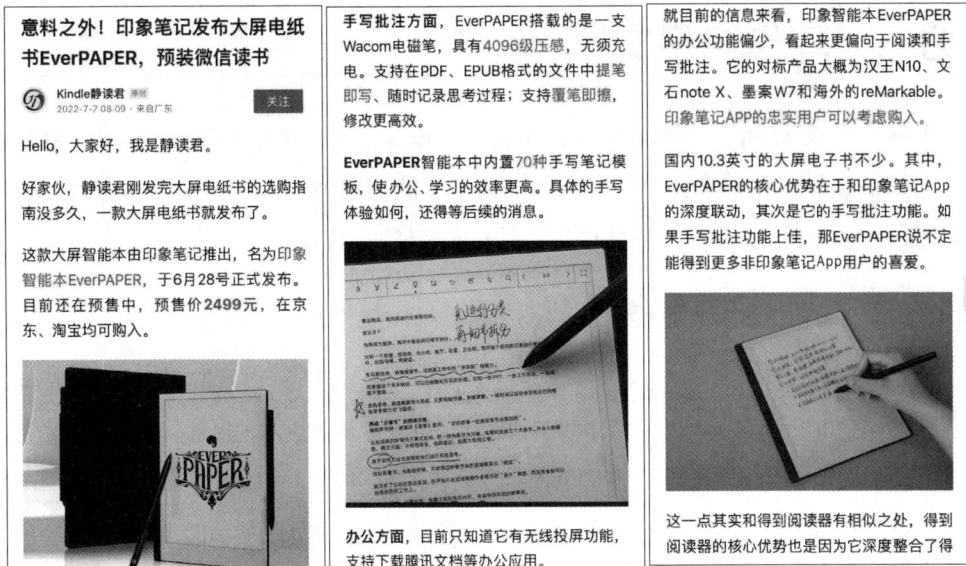

图8-28 介绍新款电纸书的今日头条文案

- **高频词**。高频词即出现频率比较高的、与主要内容相关的词语。例如，健身频道内的一篇今日头条文案以介绍降低体脂率的方法为主，那么其相关高频词可能是"身体代谢""减脂""热量""食物""运动""健身"等与文案主题相关且出现频率较高的词语。

- **低频词**。低频词指一类文案，而非一篇文案中出现次数较少的词。这类词通常代表着系统对该类文案的识别标志，出现的次数少，更易于被系统从众多内容中识别。

在写作今日头条文案的标题和正文时，文案人员也要尽量多提炼、植入让今日头条平台更容易识别和判断的关键词。系统判定出关键词后，会将这些关键词与今日头条分类模型中的关键词模板进行对比，如果吻合度较高，就会为今日头条文案贴上对应类型的标签。

例如，某篇今日头条文案被提取出来的关键词有"时尚""遮肉""显瘦""夏季单品""短T"等，那么该文案就可能被贴上与时尚、穿搭、白T恤搭配相关的标签，并被推荐给经常关注该部分内容的受众。

高手有话

设置关键词时，一般从符合文案垂直领域内容的实体词考虑，如职场领域，文案关键词可以是"求职""领导""同事""PPT"等。从点击率的角度考虑，文案人员可以根据目标受众相关属性来设置关键词，添加有关性别、年龄、职业、兴趣或地域等标签的关键词于标题中，如"25岁左右女性""零基础绘画爱好者""成都"等，以快速抓住受众眼球，吸引受众点击文案。

8.6　写作知乎文案

知乎是一个信息获取、分享和传播的平台，它连接了各行各业的受众。受众在知乎中分享彼此的知识、经验和见解，为平台提供不同类型的信息内容。在知乎上，通过问题的提出、解答、分享，文案人员可以自然地建立受众的信任，达到推广营销的效果。

8.6.1　认识知乎平台

知乎以问题为聚集单元，以人为流量单元，保证了受众的高质量答案会被关心该问题的受众所发现和赞同，而其他受众的赞同则带来了高质量答案的二次传播，帮助高质量答案能够被更多的受众发现。在知乎上，借助问答互动，受众可以构建具有高价值的人际关系网，通过交流的方式建立信任，打造个人品牌，也有助于一些品牌塑造品牌形象。

1. 知乎用户分布

知乎作为一个大型的中文问答社区，涵盖了各行各业的人员，他们彼此分享自己的知识和经验。据统计，知乎中年龄小于30岁的用户超78%，学历为大学本科及以上的用户超80%，男女比例约为6：4，以一线及新一线城市分布为主，年轻用户以及二线城市用户人数增速较快。由此可知，知乎中的用户整体文化素质较高，知乎是一个以专业性、知识性内容为主的互动平台。

2. 知乎营销的方式

查看知乎首页可知，知乎是一个以问答为主的平台，因此这也意味着文案人员需要围绕问和答来撰写文案，进而开展营销。图8-29所示为知乎中的问题与回答示例，可以看出答案中植入了产品，由此完成了产品营销。

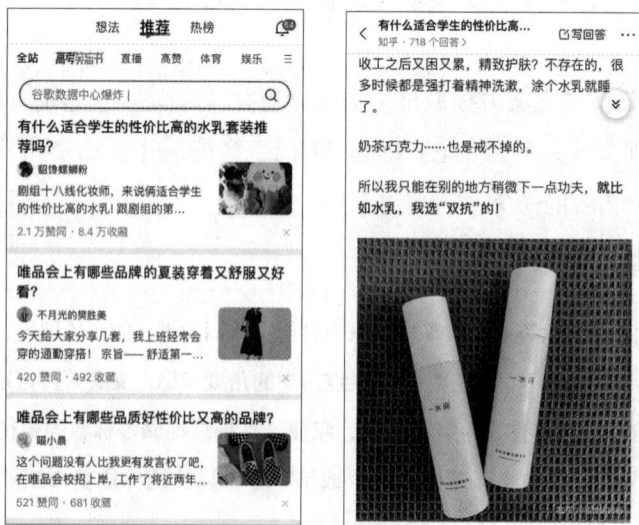

图8-29　知乎中的问答

在知乎中，文案人员可以通过回答他人的问题和自问自答来实现问答营销。

- **回答问题**。在知乎中，回答他人的问题比较常见，文案人员只需要在与品牌或产品相关的问题下，从问题本身出发，输出有价值的内容，并在其中植入有关本品牌产品的文案；或者可以使用情感来包装内容，使内容富有感染力。例如，在关于黄金产品的回答下，可以讲述自己赠送母亲黄金产品的体验，以植入产品，并从情感上打动受众。

- **自问自答**。当没有合适的问题开展营销时，文案人员可以选择自问自答的方式。不过这要求文案人员站在受众角度设计一个有吸引力的问题，吸引更多受众参与回答，然后再自己回答问题进行营销。一旦该问题的热度增加，自然也能使文案触达更多受众。

高手有话

> 另外，知乎还可以供文案人员发布想法（一些图文类的简单内容）、发表长文案等，文案人员可以在其中发布与品牌或产品相关的内容，这也不失为一种良好的营销方式。

8.6.2 知乎文案写作策略

知乎平台的文案以问答营销为主，受众可自主回答问题与提出问题，发布视频、长文案、想法等。文案人员想要写出吸引力强的知乎文案，可以从以下两方面入手。

1. 学会选择关键词

在知乎文案中，关键词很重要，尤其是搜索相关问题或内容时，受众常通过搜索关键词查找需要的内容，由此选择是否展开问答内容。关键词不仅要合理出现在问题标题中，还要适当地出现在问题的答案中。文案人员选择关键词时可选择以下5种关键词。

- **产品词**。根据所提供的产品或服务的种类，或者细分类型来确定关键词，可以具体到产品类目、型号和品牌等，如英语培训、智能扫地机器人等。这类关键词具有明显的定位，因此需要在问题中着重突出产品特色，抓住潜在受众的需求点，促成最终的转化。

- **通俗词**。很多受众在知乎中搜索信息时，会使用一些比较口语化的表达方式，如"怎样学好英语"，这类受众一般以获取信息为目的，对商业推广的关注度不高。因此文案人员在使用该类型关键词吸引受众时，应该以为受众提供有价值的信息为目的，解决了受众的问题后，再引导受众关注产品。

- **地域词**。将产品词、通俗词、地域词相结合，可以针对某个地域的受众进行推广，如"上海英语培训班""上海哪个英语培训班好"等。搜索这类关键词的受众通常有较强的目的性，希望在搜索的地域内获得服务，因此在营销时需要突出产品或服务在地域上的便利性。

- **品牌词**。在拥有一定的品牌知名度后，就可以使用品牌词作为关键词，如"海尔""华为"等。此外，如果拥有专业技术或专利名称，也可以使用一些专有品牌资产名称作为关键词，吸引潜在受众。

- **人群相关词**。文案都有目标受众，因此关键词应立足于这类群体，选择与其相关的词，如零基础、初学者、新手等。

2. 站在受众角度提出、回答问题

对知识问答营销而言，受众更想看到对自己更有价值的内容，因此文案人员应当站在受众角度去提出、回答问题。例如，对北京某会计培训机构而言，提出的问题可以是"北京哪个会计培训机构比较好？"，而不是"北京××会计培训机构怎么样？"。就提出的问题而言，前者站在受众的角度考虑问题，营销效果会更好。

另外，就回答问题而言，受众一般比较倾向于资深人士的回答，因此，在回答问题时，文案人员可以彰显自己具有的长期相关经验，增强受众的信任感，如"作为一个上过不少绘画培训班的人"，然后再结合实例，逻辑严谨地说出观点。

例如，针对知乎用户询问某品牌什么系列的复印纸好的问题，被询问的品牌站在受众的角度详细介绍了品牌旗下某系列复印纸的诸多优点，如精选优质原料、胜任各类使用场景、使用现代化设备生产、可保证每张成品纸质量等，表明产品满足受众需求，该回答有利于推广和宣传产品。图8-30所示为回答部分示例。

图8-30 知乎文案回答部分示例

8.7 同步实训

8.7.1 设计积木活动海报

【实训背景】

"源智慧"是一家销售积木的品牌，旗下产品包括太空系列、街景系列、国潮系列和常规系列等，常见的积木产品包括宇航员、航天火箭、八音盒、星月夜立体摆件、桂花等，品种多样。临近中秋节，品牌准备在8月20日20点至8月21日开展中秋折扣活动，全场积木8折优惠，满300元减50元。文案人员小琴需要设计一张中秋活动海报，用于网店首页的营销推广。

【实训要求】

（1）写作中秋活动海报文案。

（2）海报文案需体现中秋节元素和活动信息。

【实训步骤】

根据实训要求，本实训可以分为以下步骤。

（1）确定活动海报的内容。

活动海报文案需要向受众介绍活动信息，因此可以提炼活动主题、时间和具体优惠，吸引受众参与。例如，"喜迎中秋""全场积木8折""满300元减50元""活动时间：8月8日20点至8月21日"。

（2）在海报中添加中秋节元素。

活动海报文案用于迎接中秋，海报中要突出中秋节的节日气氛，并与品牌相结合，因此，小琴想在海报图片中添加与中秋节相关的元素。中秋自古有赏月、放花灯、吃月饼的习俗，小琴准备在海报图片中添加月亮、花灯元素。由于宇航员积木与月亮关系密切，因此小琴在添加品牌产品时选择了宇航员积木。

（3）做好海报排版。

小琴设计的活动海报文案是明月高照的夜晚，花灯和宇航员积木都向着月亮，形成一种奔月姿态，贴合中秋节的定位。另外，小琴还在海报右侧附上事先拟好的文字，突出显示优惠信息，并设置了不同文字大小和疏密的对比，整体主题突出，和谐美观，效果如图8-31所示。

图8-31　活动海报文案

8.7.2　撰写推广积木的社群文案

【实训背景】

"源智慧"的网店积累了不少忠实粉丝，为了更好地维系与粉丝之间的感情，品牌又新建了一个微信群和品牌网店小程序。最近品牌上新了一套ABS环保材质的缤纷街景积木玩具（见图8-32），共有慢时光书屋、波波奶茶屋、小熊主题店、高雅商品带店、靓丽造型店5个款式，定价为22元/件，一套5件99元。品牌打算在微信群推广该玩具，便要求小琴在微信群发布推广街景积木玩具的文案。

图8-32　缤纷街景积木玩具

【实训要求】

（1）写作社群营销文案。

（2）文案中需包含产品信息，并设计可触发行动的点。

【实训步骤】

根据实训要求，本实训可以分为以下步骤。

（1）撰写社群营销文案。

小琴打算通过简单直白的话介绍新品，为了让所有群成员能及时看到群信息，小琴打算先@所有人，再提供详细的产品介绍。具体文案内容如下。

> @所有人
>
> 缤纷街景积木上架，一套5个，有慢时光书屋、波波奶茶屋、小熊主题店、高雅商品带店、靓丽造型店，多款可选，现货现发。积木品质安全，采用ABS材料，适合6岁以上的朋友。全套加起来不超过100元，亲手拼出来真的不要太有成就感！

（2）在营销文案中融入写作技巧。

为了促进转化，方便受众点击购买，小琴在文案结尾加入了"点击下方小程序即可购买"文字，并提供了产品小程序链接，设计了可以触发行动的点，完成了文案的写作。

8.8 思考与提高

1. 简述海报文案的不同分类和写作要点。

2. 简述活动文案的写作内容。

3. 简述社群营销文案的写作要素。

4. 简述今日头条的信息流推荐机制。

5. 如果你需要在今日头条中推广峨眉山风景旅游，你会如何写作文案？请谈谈你的思路。

提示：可以在网络中搜索峨眉山的各景点和旅游攻略，注意结合关键词。

6. 假如你需要推广一把防晒伞，结合知乎文案的写作策略，谈谈你提问的思路，再以你的提问为依据，转换角度，谈谈你将如何结合受众的需求在回答中推广该防晒伞。

提示：提问可以站在受众的角度选择受众关心的关键词，如防晒伞推荐、防晒伞选购等。回答也可以立足防晒，搜索更多其他产品信息，如做一个防晒测评等，言之有理即可。